PREFACE

Por Fronteras Culturales is a supplementary text that combines the functions of a reader, conversational manual, workbook in Spanish grammar, and an introduction to Hispanic culture.

The stories are graded in difficulty, deal with themes of interest to young students, and tell us something about contemporary problems that affect the lives of Hispano-Americans.

The "Experiencias Culturales" are mini-dramas that present aspects of Hispanic culture which differ from ours. They are each followed by an "adaptation" unit in which the student is assisted in developing an original dialogue based on the theme of the "Experiencia"—a creative task that promotes the development of conversational facility.

The exercises in this workbook are highly varied. Several crossword puzzles, word games, and conversational round robins are included among them to make learning fun.

Because of its design and its many uses, this book should prove invaluable to teachers of Spanish.

—The Authors

POR FRONTERAS CULTURALES

Anthony Papalia
Director of Foreign Language Education
State University of New York at Buffalo

José A. Mendoza
Chairman of the Department of Foreign Languages
Bishop Neumann High School, Williamsville, New York

Dedicated to serving

AMSCO

our nation's youth

When ordering this book, please specify:
either **R 174 W** *or* POR FRONTERAS CULTURALES

AMSCO SCHOOL PUBLICATIONS, INC.

315 Hudson Street   New York, N.Y. 10013

ISBN 0-87720-518-3

PRINTED IN THE UNITED STATES OF AMERICA

CONTENTS

Contents

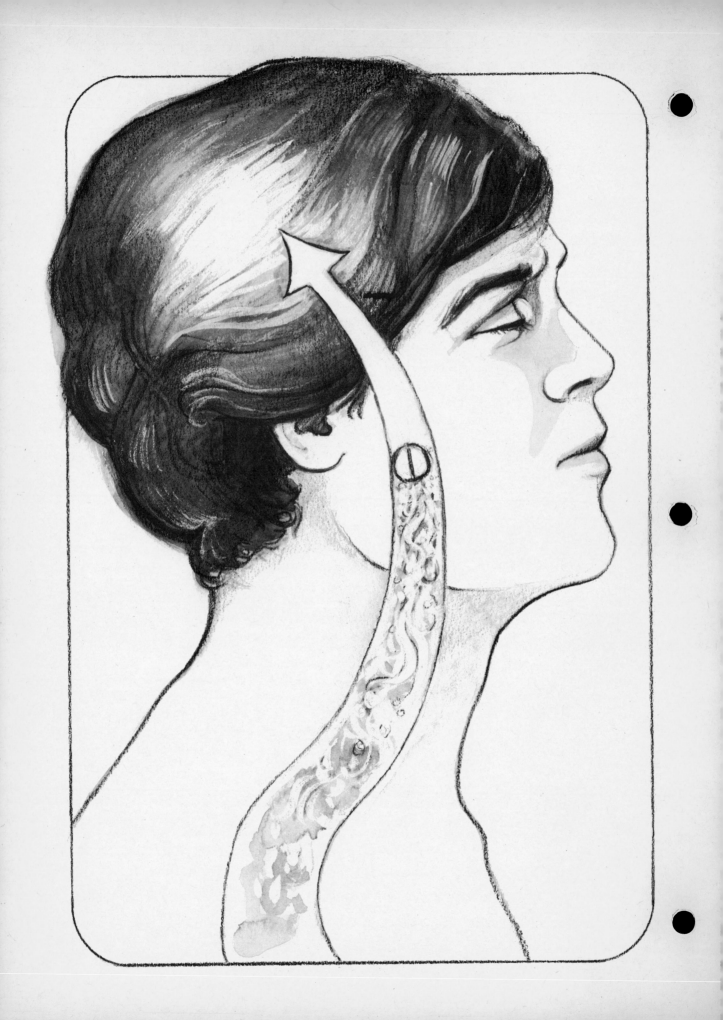

1

VIAJO POR REGIONES FANTÁSTICAS

Vivo en el escaparate[1] de una botica[2] del centro de la ciudad. Miro a la gente que pasa por la calle. Algunos caminan de prisa, otros caminan despacio, y los chicos corren o saltan.

Mucha gente entra en la farmacia para comprar cosas. Muchos quieren comprarme porque soy experta en aliviar[3] los dolores de la humanidad. Cuando un señor tiene dolor de cabeza, abre la puerta de la botica y busca mi ayuda. Cuando los chicos tienen dolor de muelas[4], también me buscan. Los jugadores de balompié[5] que sufren accidentes en los partidos[6], las señoras con dolores en el cuerpo—todos esperan mi ayuda.

Yo también alivio los catarros y bajo las fiebres. Hasta los niños me quieren mucho. Para ellos tengo sabor[7] de frutas, y creen que soy un confite[8].

Además, vivo en las bolsas[9] de las mujeres, en los escritorios de los maestros u oficinistas[10], y todos ellos me toman con mucha frecuencia. Me pregunto, ¿es que formo yo un hábito malo?

Para calmar el dolor de los que me necesitan, yo viajo por regiones fantásticas. Entro en la boca, y, junto con el agua que beben, llego a una bolsa grande donde recibo baños de líquidos de varios sabores. Poco a poco me desintegro hasta quedar reducida a pequeñas partículas[11]—para viajar en un líquido que se llama sangre[12] y que está lleno de glóbulos blancos y rojos. Subo[13] en ellos y viajamos a través de canales pequeños. Luego pasamos a canales más grandes, y más tarde a ríos enormes, donde estos glóbulos rojos y blancos andan muy rápidamente. Paso a gran velocidad por una bomba[14] que llaman el corazón. Muy rápidamente subo[15] hasta la parte más alta del ser humano. Allí está un generador eléctrico alterado[16] que se llama el cerebro[17]. Lo calmo, y así alivio el dolor del hombre.

¿Quién soy yo? A veces[18] creo que soy uno de los héroes de hoy día, pero soy solamente una aspirina.

[1] show window
[2] drugstore
[3] in relieving
[4] toothache
[5] soccer
[6] games
[7] flavor
[8] piece of candy
[9] purses
[10] office workers
[11] particles
[12] blood
[13] I rise
[14] pump
[15] I climb
[16] agitated
[17] brain
[18] At times

EJERCICIOS

A. Answer each question with a complete Spanish sentence.

   1.   ¿Quién es el héroe (o la heroína) de la historia?

2. ¿En qué parte de la botica vive?

_____

3. ¿Qué ve en la calle?

_____

4. ¿Quiénes entran en la farmacia?

_____

5. ¿Por qué quiere la gente la aspirina?

_____

6. ¿Qué piensan los niños de ella?

_____

7. ¿En qué parte del cuerpo comienza su viaje?

_____

8. ¿Por dónde viajan las partículas de la aspirina?

_____

9. ¿Cómo viaja la aspirina en la sangre?

_____

10. ¿En qué parte del cuerpo termina su viaje?

_____

B. **Preguntas personales**
1. ¿Vas tú a la botica muchas veces?

_____

2. ¿Qué compran ustedes en una botica?

_____

3. ¿Crees tú que la aspirina forma hábito?

_____

4. ¿Qué tomas cuando tienes catarro y dolor de cabeza?

_____

5. Cuando tomas aspirina, ¿tiene ella el sabor de un confite?

_____

C. Use each expression in a Spanish sentence that is different from the sentence in which it appears in the text.
1. dolor de muelas _____
2. con mucha frecuencia _____

3. viajo por _____

4. a veces _____

5. poco a poco _____

D. Can you think of other Spanish and English words that resemble each other in the same way as these word-pairs?

fantás*tico*	fantas*tic*
pací*fico*	paci*fic*
atlé*tico*	athle*tic*
púb*lico*	pub*lic*
tóp*ico*	top*ic*

-------------------	-------------------
-------------------	-------------------
-------------------	-------------------
-------------------	-------------------

Grammar: Present Tense of -AR, -ER, and -IR Verbs

		comp**rar** to buy	cor**rer** to run	viv**ir** to live
		I buy I am buying	I run I am running	I live I am living
yo	I	comp**ro**	cor**ro**	viv**o**
tú	you, familiar	comp**ras**	cor**res**	viv**es**
usted **Paco** **María** **él** **ella**	you, formal he, it she, it	comp**ra**	cor**re**	viv**e**
Paco y yo **nosotros** **nosotras**	Paco and I we, masculine we, feminine	comp**ramos**	cor**remos**	viv**imos**
vosotros **vosotras** (Used chiefly in Spain.)	you, familiar plural	comp**ráis**	cor**réis**	viv**ís**
ustedes **Paco y María** **ellos** **ellas**	you, plural they, masculine they, feminine	comp**ran**	cor**ren**	viv**en**

E. Write the correct ending of the verb in the present tense. (If you can't recall whether the verb belongs to the *-AR*, *-ER*, or *-IR* conjugation, see the infinitives listed in exercises **F** and **G**.)

1. Ellos beb_____ agua.

2. Usted abr_____ la ventana.

3. Tú viv_____ en una casa.

4. Yo viaj_____ en autobús.

5. Vosotros recib_____ unas visitas.

6. Ellas sub_____ la escalera.

7. Él camin_____ de prisa.

8. Nosotros entr_____ en la sala.

9. Ustedes corr_____ por las calles.

10. Ella calm_____ el dolor de cabeza.

11. Vosotros necesit_____ el libro de español.

12. Nosotros le_____ bien.

13. Yo baj_____ del coche.

14. Usted esper_____ a José.

15. Yo le_____ con los ojos.

16. Nosotros escrib_____ una carta.

17. Ustedes compr_____ el periódico.

18. Tú aprend_____ el español.

19. Usted sufr_____ de un dolor de muelas.

20. Tú trabaj_____ en una botica.

F. Complete each sentence with the correct form of the present tense of the verb.

1. tomar (to take)   Nosotros la _____ con frecuencia.

2. saltar (to jump)   Los muchachos _____ en el parque.

3. llenar (to fill)   María _____ los vasos con agua.

4. entrar (to enter)   Ellos _____ en la botica.

5. mirar (to look at)   Ustedes _____ a los chicos.

6. buscar (to look for)   Tú _____ unas aspirinas.

7. esperar (to wait for; to hope)   Ustedes _____ mi ayuda.

8. bajar (to go down; to get off)   Yo _____ del autobús a las ocho.

9. aliviar (to relieve)   Las aspirinas _____ los dolores.

10. necesitar (to need)   Usted _____ mi ayuda.

11. calmar (to calm)   La aspirina _____ el dolor de cabeza.

12. correr (to run)   Los chicos _____ por todas las calles.

13. beber (to drink)   Ellos _____ agua.

14. creer (to believe)   Nosotros _____ en su ayuda.

15. caminar (to walk)   ¿Por qué _____ usted despacio?

16. recibir (to receive)   El director _____ las visitas.

17. subir (to go up, to rise)   Las partículas _____ hasta la cabeza.

18. viajar (to travel)   Yo _____ en coche.

19. vivir (to live)   Tú _____ cerca de una botica.

20. abrir (to open)   Mi amigo _____ la puerta.

G. ¡Que corra la bola! The class may perform this exercise as follows: A student asks question #1 of a classmate, who answers with sentence *a* ("Hablo español"). The classmate then repeats the question to a third student, who answers with sentence *b* and repeats the question to a fourth student, who replies with sentence *c*, and so on, till all five questions and their sets of answers have been used.

Complete each reply by using the indicated verb:

1. *¿Qué hace usted?*
   a. hablar (to speak)   _____ español.
   b. ayudar (to help)   _____ al profesor.
   c. aprender (to learn)   _____ el español.
   d. bajar (to go down)   _____ la escalera.
   e. subir (to go up; to get into a vehicle)   _____ al coche.

2. *¿Qué hace Paco?*

    a. trabajar (to work)   ——————— en la botica.

    b. comprar (to buy)   ——————— el periódico.

    c. leer (to read)   ——————— el libro.

    d. escribir (to write)   ——————— en la pizarra.

    e. beber (to drink)   ——————— agua.

3. *¿Qué hacen ustedes?*

    a. caminar (to walk)   ——————— a la farmacia.

    b. responder (to answer)   ——————— a las preguntas.

    c. estudiar (to study)   ——————— los verbos.

    d. abrir (to open)   ——————— las ventanas.

    e. preguntar (to ask)   ——————— si llegan los chicos.

4. *¿Qué hacen Paco y Juana?*

    a. mirar (to look at; to watch)   ——————— la televisión.

    b. buscar (to look for)   ——————— al profesor de inglés.

    c. correr (to run)   ——————— por la calle.

    d. sufrir (to suffer)   ——————— de un dolor de muelas.

    e. esperar (to wait for)   ——————— a su hermana.

5. *¿Qué haces tú?*

    a. entrar (to enter)   ——————— en la clase de ciencias.

    b. preguntar (to ask)   ——————— si hay aspirinas en la caja.

    c. comprender (to understand)   ——————— muy bien la lección.

    d. recibir (to receive)   ——————— los libros.

    e. saltar (to jump)   ——————— en la calle.

Topical Vocabulary

Las partes del cuerpo

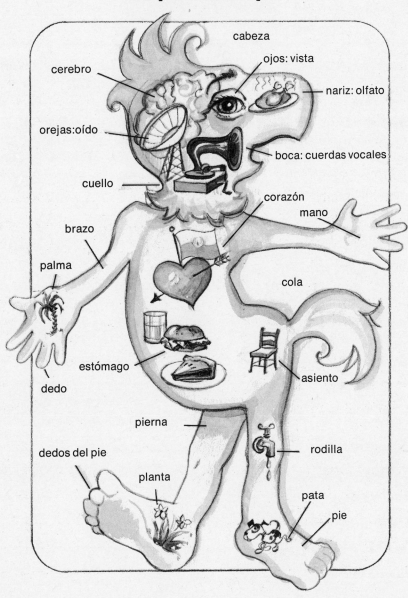

H. Fill the blanks with verbs—chosen from the column on the right—that express the actions performed by the indicated parts of the body.

1. Con las manos, yo _ _ _ _ _ _ _ _ _ _ _ _ _ _ _ _ y _ _ _ _ _ _ _ _ _ _ _ _ _ _ .

2. Con los pies Vd. _ _ _ _ _ _ _ _ _ _ _ _ _ _ _ _ , _ _ _ _ _ _ _ _ _ _ _ _ _ _ , y

 _ _ _ _ _ _ _ _ _ _ _ _ _ _ _ .

3. Con los ojos ellos _ _ _ _ _ _ _ _ _ _ _ _ _ _ , _ _ _ _ _ _ _ _ _ _ _ _ _ _ , y

 _ _ _ _ _ _ _ _ _ _ _ _ _ _ _ .

4. Con el cerebro nosotros _ _ _ _ _ _ _ _ _ _ _ _ _ _ _ y _ _ _ _ _ _ _ _ _ _ _ _ _ _ .

5. Con la boca nosotros _ _ _ _ _ _ _ _ _ _ _ _ _ _ _ y _ _ _ _ _ _ _ _ _ _ _ _ _ _ .

comemos
miran
salta
trabajo
observan
comprendemos
escribo
camina
leen
corre
hablamos
aprendemos

I. Write the Spanish names for ten parts of the body.

1. _____   6. _____
2. _____   7. _____
3. _____   8. _____
4. _____   9. _____
5. _____   10. _____

J. Buscapalabras. In the block of letters, find 14 words denoting parts of the body. The words run in all directions: forward, backward, up, down, and diagonally. After you have circled all the words, copy the unused letters and you will find the title of this puzzle.

```
A G L G B O C A U
N A A S P A U R O
T R N E S D E E N
A G P O A U R L A
N A R I Z Ñ P C M
R N U B E A O O A
E T E A B D R J R
I A P L A O E O H
P U M A C R N D C
O E S T O M A G O
```

K. Complete the following sentences with a Spanish expression referring to a part of the body:

1. Un jugador de béisbol sufre un accidente y se rompe _____ .
2. Yo tomo aspirina porque tengo dolor de _____ .
3. Ellos toman los libros con _____ .
4. Rosa mira al señor con _____ .
5. Usted habla con _____ .

L. In the following dialogue, play the role of Juan.

Juan entra en la botica para comprar unas aspirinas. Su hermano menor tiene catarro.

BOTICARIO: Buenos días, Juan. ¿Cómo estás?

JUAN: _____

BOTICARIO: Y ¿cómo está la familia?

JUAN: _____

BOTICARIO: ¡Qué lástima! Necesitas algo.

JUAN: _____

BOTICARIO: Aquí las tienes. ¡Espero que se mejore* pronto!

JUAN: _____

BOTICARIO: Saludos a todos.

JUAN: _____

　　*that he gets better

Review Quiz: The Present Tense

Crucigrama (Crossword Puzzle)

HORIZONTALES

1. Nosotros (vivir) cerca del centro.
5. Paco y yo (caminar) a la botica.
9. Mis padres (recibir) a sus amigos.
11. Alberto (abrir) la puerta.
12. Tú (arar) el campo.
13. Ellos (saber) la lección.
14. Usted (comprar) una aspirina.
15. El cuerpo humano (consistir) en muchas partes.
17. Mi amigo (escribir) una carta.
18. Ella (andar) muy de prisa.
20. Pablo (entrar) en la farmacia.
22. Isabel (correr) en el parque.
26. Yo (comer) en la cafetería.
27. El señor (trabajar) todo el día con las manos.
28. Yo (bajar) del autobús.

VERTICALES

1. Yo (viajar) en coche.
2. Andrés y yo (visitar) a mis tíos.
3. Ellos (mirar) el programa.
4. Los chicos (sufrir) un accidente.
5. Patricia (comprender) la lección.
6. Tú (mirar) las revistas en la sala.
7. Ustedes (necesitar) estudiar más.
8. Ellas (sanar) las heridas.
10. Yo (beber) mucha agua todos los días.
16. Emilia (asistir) al concierto.
19. Alicia (peinar) a su hermanita.
21. Tomás (tomar) coca-cola.
22. Pepe (cenar) con sus amigos.
23. La niña (robar) un confite en la botica.
24. Carmen (bajar) las escaleras.
25. Daniel (pasar) por la puerta.

Experiencia Cultural

En una botica

*Susan, an American student, has just arrived in Lima, Peru. She plans to study at the University of San Marcos—the oldest university in South America. While downtown, she decides to buy some nylon stockings and some stationery. Where to buy them? She sees a pharmacy that reminds her of her neighborhood drugstore. She enters the **botica** and approaches the druggist.*

SUSANA: Por favor, necesito papel de escribir[1] y medias.   [1] stationery

BOTICARIO: Señorita, nosotros no vendemos esas cosas.

SUSANA: Entonces, ¿dónde las venden?

BOTICARIO: El papel de escribir lo venden en las librerías[2] y las   [2] bookstores
medias en las tiendas de novedades[3].   [3] fashion shops

SUSANA: En mi país todas esas cosas las compramos en la botica.

BOTICARIO: ¿De veras? ¿De dónde es Vd.?

SUSANA: Soy de los Estados Unidos.

BOTICARIO: ¡Ah! Ahora comprendo. Y como Vd. puede ver, nosotros tampoco vendemos refrescos, ni helados, ni café.

Adaptation

In a small group, prepare a skit about the following situation:

Two American students are visiting Cartagena, Colombia. After a visit to *El Castillogrande**, they are hungry and thirsty; they decide to stop in a drugstore to buy some refreshments. The pharmacist tells them those items are not sold there.

Some expressions you can use in the skit:

cafetería, cafeteria, coffee shop
comprar, to buy
esquina siguiente, next corner
helados, ice cream
querer, to wish, to want
refrescos, refreshments

refresquería, shop for light refreshments
tener calor, to be warm
tener hambre, to be hungry
tener sed, to be thirsty
vender, to sell
¿De veras?, Really?

*an old Spanish fortress

2

¿VALE LA PENA SER POTENTE?

Cerca de una escuela secundaria en la ciudad de Buenos Aires hay un lugar para estacionar coches. Allí se ven coches de toda clase: grandes y pequeños, nuevos y viejos, coches deportivos[1] y sedanes. Los profesores que tienen coches los estacionan en este lugar y, por costumbre, cada coche ocupa casi siempre el mismo sitio.

[1] sports cars

Uno de esos vehículos es un sedán gris oscuro[2], y a su lado hay un coche deportivo azul. Los dos coches son buenos amigos. Pasan muchas horas conversando acerca del tiempo, de sus dueños, de la hermosura de la ciudad. La rutina de ellos es casi la misma: por la mañana, salen de casa a eso de las siete y media, y regresan generalmente a las cuatro de la tarde. En el verano van a las playas; en el otoño llevan a sus dueños a ver los partidos de fútbol[3] o de polo. En el invierno los llevan a las fiestas y bailes de la escuela, o a los partidos de baloncesto[4]; y en la primavera van con frecuencia a las carreras de caballos[5].

[2] dark gray sedan

[3] soccer

[4] basketball

[5] horse races

Después de las vacaciones de Navidad, el sedán ve llegar a su vecino, el coche deportivo; parece muy diferente. Está pintado de un rojo muy llamativo[6]. Además, tiene neumáticos de carreras[7] y un motor nuevo de ocho cilindros.

[6] "loud," "flashy"

[7] racing tires

— ¡Qué bien te ves![8] —le dice el sedán.

[8] How nice you look!

—Gracias —contesta el coche deportivo—. Ahora soy más potente[9] y más hermoso. Además, soy más rápido que los otros coches. Todos me admiran; llamo la atención a mi paso[10] porque soy el rey de la carretera.

[9] powerful

[10] as I pass by

Al sedán no le gusta la manera de hablar de su amigo, pero no dice nada.

Días más tarde, a eso de las ocho, ve llegar a la escuela al dueño del coche deportivo; no llega en su coche sino en el autobús. Además, el profesor viene con el brazo enyesado.[11]

[11] in a cast

El sedán, pensando en los accidentes causados por excesiva velocidad, se pregunta: ¿vale la pena[12] ser potente?

[12] is it worthwhile

No sabe qué responder, pero está contento de ser un sedán común—una clase de coche que puede llevar a su dueño a todas partes con más seguridad.[13]

[13] more safely

EJERCICIOS

A. Answer each question with a complete Spanish sentence.

   1. ¿Qué hay en los estacionamientos?

   _____

   2. ¿Dónde se conocen los dos coches?

   _____

   3. ¿Qué tipos de coches son?

   _____

   4. Generalmente, ¿a qué hora salen de casa?

   _____

   5. ¿Qué hacen en el verano?

   _____

   6. ¿Cómo es el coche deportivo cuando regresa a la escuela después de Navidad?

   _____

   7. ¿Qué no le gusta al sedán?

   _____

   8. Días más tarde, ¿cómo llega el dueño del coche deportivo?

   _____

   9. ¿En qué piensa el sedán?

   _____

   10. ¿Por qué está contento de ser un sedán?

   _____

B. **Preguntas personales**

   1. ¿Tienes algún amigo (alguna amiga) que maneja un coche? ¿Cómo lo conduce?

   _____

   2. ¿Crees que es necesario tener un coche potente? ¿Por qué?

   _____

   3. ¿Cuál es tu estación favorita? ¿Por qué?

   _____

   4. ¿Cuál es tu rutina diaria?

   _____

C. Use each expression in a Spanish sentence that is different from the sentence in which it appears in the text.

   1. por la mañana _____

   2. los dos son _____

   3. pasan muchas horas _____

   4. soy más rápido que _____

   5. días más tarde _____

D. Continue the pattern suggested by the following Spanish and English words.

   1. pot*ente*   pot*ent*

        agente   agent

        cliente   client

        _____   _____

        _____   _____

   2. eleg*ante*   eleg*ant*

        estimulante   stimulant

        constante   constant

        _____   _____

        _____   _____

Grammar: Irregular Verbs in the Present Tense

decir:	*digo, dices, dice,* decimos, decís, *dicen*
estar:	*estoy,* estás, está, estamos, estáis, están
ir:	*voy, vas, va, vamos, vais, van*
oír:	*oigo,* o*y*es, o*y*e, oímos, oís, o*y*en
*poder:	p*ue*do, p*ue*des, p*ue*de, podemos, podéis, p*ue*den
*querer:	qu*ie*ro, qu*ie*res, qu*ie*re, queremos, queréis, qu*ie*ren
ser:	*soy, eres, es, somos, sois, son*
*tener:	*tengo,* t*ie*nes, t*ie*ne, tenemos, tenéis, t*ie*nen

Irregular Forms in the First Person Singular

hacer:	*hago*
poner:	*pongo*
salir:	*salgo*
traer:	*traigo*

dar:	*doy*
saber:	*sé*
ver:	*veo*

conducir:	*conduzco*
conocer:	*conozco*
ofrecer:	*ofrezco*

*For other stem-changing verbs in the present tense, see the grammar lesson on pages 30–31.

E. Complete each sentence with the correct form of the present tense of the verb.

1. salir (to leave)

    Yo _____ a eso de las ocho.

2. poner (to put)

    Nosotros _____ los libros en el coche.

3. tener (to have)

    Esos viejos _____ unos relojes grandes.

4. venir (to come)

    El dueño _____ con el brazo enyesado.

5. querer (to want)

    Ellos _____ ir al cine.

6. decir (to say, to tell)

    La chica _____ muchas cosas del invierno.

7. traer (to bring)

    El profesor _____ los libros en la mano.

8. hacer (to do, to make)

    Usted _____ muchos trabajos.

9. oír (to hear)

    Ana _____ venir el coche.

10. ver (to see)

    Tú _____ el coche de Arturo.

11. conocer (to know; to meet for the first time)

    Ustedes no _____ mi coche todavía.

12. saber (to know [how to])

    Yo _____ tocar el piano.

13. ir (to go)

    Los muchachos _____ a los partidos de béisbol.

14. ofrecer (to offer)

    Su casa _____ muchas comodidades.

15. conducir (to drive)

    Yo _____ un coche deportivo.

16. poder (to be able, can)

    Yo no _____ salir ahora.

F. Complete each sentence with the correct form of the present tense of *ser* or *estar*.

1. (ser)   Los coches _____ de color verde.

2. (estar) Mi amigo _____ en la casa.

3. (ser)   Ellos _____ estudiantes de la escuela.

4. (estar) Tú _____ sentado en mi silla.

5. (ser)   Yo _____ el presidente del club.

6. (estar) Los chicos _____ enfermos.

7. (ser)   _ _ _ _ _ _ _ _ _ _ _ _ _ _ _ las doce y media.

8. (estar)   ¿Dónde _ _ _ _ _ _ _ _ _ _ _ _ _ _ mis padres?

9. (ser)   El verano _ _ _ _ _ _ _ _ _ _ _ _ _ _ una estación encantadora.

10. (estar) Ustedes _ _ _ _ _ _ _ _ _ _ _ _ _ _ muy ocupados.

Topical Vocabulary

El coche

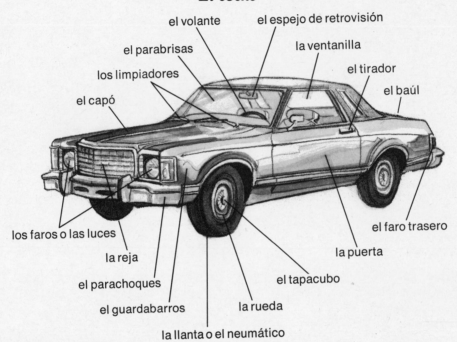

el volante   el espejo de retrovisión
el parabrisas   la ventanilla
los limpiadores   el tirador
el capó   el baúl
los faros o las luces
la reja   el faro trasero
el parachoques   la puerta
el guardabarros   el tapacubo
la rueda
la llanta o el neumático

G. Match the name of each object on the left with the expression on the right that describes its purpose. (Write the letter of the correct *respuesta* in the blank on the left.)

¿Para qué sirve . . . ?

_ _ _ _ _ _ 1. el volante

_ _ _ _ _ _ 2. el tirador

_ _ _ _ _ _ 3. el espejo de retrovisión

_ _ _ _ _ _ 4. el motor

_ _ _ _ _ _ 5. el baúl

¿Para qué sirven . . . ?

_ _ _ _ _ _ 6. las luces (los faros)

_ _ _ _ _ _ 7. los limpiadores

_ _ _ _ _ _ 8. los frenos

_ _ _ _ _ _ 9. las ruedas

_ _ _ _ _ _ 10. los asientos

Respuesta: *Sirve (Sirven) para . . .*

a. detener el coche

b. hacer rodar el coche

c. limpiar el parabrisas

d. ver de noche

e. llevar el equipaje

f. abrir la puerta

g. mirar hacia atrás

h. sentarse

i. conducir el coche

j. hacer mover el coche

H. Complete the sentences.

1. Mi coche tiene cuatro _.

2. En la noche es necesario poner _.

3. Necesito _ _ _ _ _ _ _ _ _ _ _ _ _ _ _ _ _ _ para mirar hacia atrás.

4. Cuando mi amiga sube al coche, le abro _.

5. Guardo el equipaje en el _.

I. Describe the picture on page 12 in Spanish.

_ _

_ _

_ _

_ _

J. Referring to the figure below, write the Spanish word for the indicated parts.

A. _   C. _

B. _   D. _

E. _

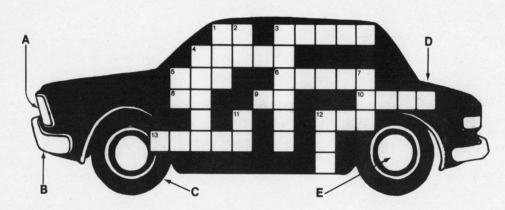

K. Crucigrama. Irregular Verbs in the Present Tense

HORIZONTALES

1. Ella (ver) el coche.
3. Yo (poder) manejar.
4. Yo (venir) en coche.
5. Ustedes (ir) a casa.
6. Tú (decir) la verdad.
8. Contraction of *a + el.*
9. Yo (saber) manejar.
10. Yo (oír) la música.
12. Yo (ir) a la escuela.
13. Yo (tener) un coche nuevo.

VERTICALES

1. Ellos (ver) al profesor.
2. Ending of the 3rd person plural, present tense.
3. "You can," familiar plural.
4. Los coches (valer)* tres mil dólares cada uno.
5. María (ir) con su amiga.
7. Yo (ser) feliz.
11. *Ir* en inglés.
12. Yo (ver) a Teresa.

valer, to be worth, is irregular only in the first person singular (valgo**).

TRAFFIC SIGNS IN MEXICO

PRINCIPALES SEÑALES DE TRÁNSITO

STOP

YIELD RIGHT OF WAY

SPEED LIMIT
(100 km/h = 62 m/h)

USE RIGHT LANE

NO PASSING

NO PARKING
8 am to 9 pm working days

prohibido
estacionarse

NO PARKING

prohibido
seguir de frente

DO NOT ENTER

prohibida vuelta
a la izquierda

NO LEFT TURN

camino sinuoso

WINDING ROAD

glorieta

TRAFFIC CIRCLE

entronque

JUNCTION

estrechamiento
del camino

ROAD NARROWS

puente angosto

NARROW BRIDGE

vado
DIP

superficie
irregular
BUMPS

camino derrapante

SLIPPERY ROAD
OR LOOSE GRAVEL

bajada pronunciada

STEEP HILL

zona de derrumbes

LANDSLIDE AREA

hombres trabajando
MEN WORKING

zona escolar

SCHOOL ZONE

ganado

CATTLE

cruce de ferrocarril

RAILROAD CROSSING

teléfono

TELEPHONE

taller mecánico

MECHANIC

gasolinería

GAS STATION

sanitarios

REST ROOMS

restaurante

RESTAURANT

campo para casas
rodantes

TRAILER CAMP

estacionamiento

PARKING

L. In parts (1) and (2) of this exercise, indicate the meaning of each Mexican traffic sign by writing its letter in the blank on the left. (*Note.* Three of these signs do not appear among those displayed on the opposite page, but it should not be hard to guess their meanings.)

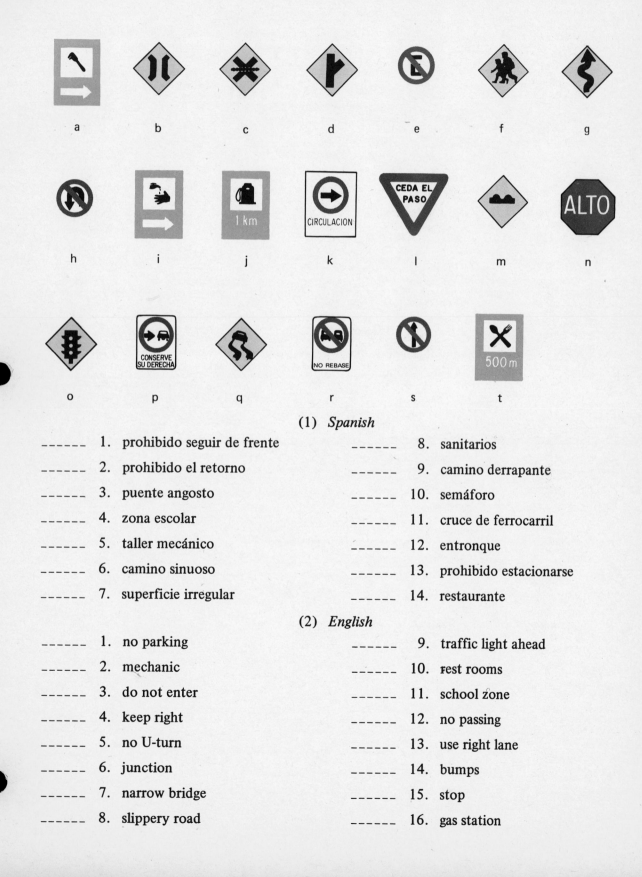

(1) *Spanish*

_____	1. prohibido seguir de frente		_____	8. sanitarios
_____	2. prohibido el retorno		_____	9. camino derrapante
_____	3. puente angosto		_____	10. semáforo
_____	4. zona escolar		_____	11. cruce de ferrocarril
_____	5. taller mecánico		_____	12. entronque
_____	6. camino sinuoso		_____	13. prohibido estacionarse
_____	7. superficie irregular		_____	14. restaurante

(2) *English*

_____	1. no parking		_____	9. traffic light ahead
_____	2. mechanic		_____	10. rest rooms
_____	3. do not enter		_____	11. school zone
_____	4. keep right		_____	12. no passing
_____	5. no U-turn		_____	13. use right lane
_____	6. junction		_____	14. bumps
_____	7. narrow bridge		_____	15. stop
_____	8. slippery road		_____	16. gas station

Las Estaciones

1

Es la primavera.
Hay sol. Hace fresco.
Los meses de la primavera
   son marzo, abril y mayo.

2

Es el verano.
Hay mucho sol.
Hace calor.
Yo tengo calor.
Los meses del verano son
   junio, julio y agosto.

3

Es el otoño.
Hay lluvia. Hace fresco.
Hay viento también.
Los meses del otoño son
   setiembre, octubre y noviembre.

4

Es el invierno.
Hay nieve. Hace frío.
Miguel tiene frío.
Los meses del invierno son
   diciembre, enero y febrero.

M. Write the Spanish name of the season described in each sentence.

1. Hace bastante calor. _____

2. Hace mucho frío. _____

3. Llueve mucho, hace fresco y hay flores. _____

4. Hace fresco, hay viento y las hojas de los árboles caen. _____

N. Buscapalabras. In the block of letters, find the Spanish names for the months of the year. The words run in all directions: forward, backward, up, down, and diagonally. After you have circled all the words, copy the unused letters and you will receive a progress report.

```
A H L I R B A O R S A
P U D E D J E S E O D
E C O I N U J P I T F
R T O D C L T O S S E
E R B M E I V O N O B
L O S M E O E E S G R
E S D M Z E L M A A E
Ñ O B R E N A E B S R
P R A A Ñ Y E N E R O
E M O L O C T U B R E
```

O. Write the Spanish names of the months.

1. _____   7. _____

2. _____   8. _____

3. _____   9. _____

4. _____   10. _____

5. _____   11. _____

6. _____   12. _____

P. Complete the sentences.

1. Voy a la playa durante _____.

2. Los meses del otoño son _____.

3. Hace mucho frío durante _____.

4. Marzo, abril y mayo son meses de _____.

5. Esquiamos cuando _____.

6. Nadamos cuando _____.

7. Después del verano comienza _____.

8. En la primavera hace _____ y hay _____ .

9. Los meses del verano son _____ .

10. En el otoño hay _____ .

Q. Buscapalabras. In the block of letters, find the Spanish names for the days of the week. The words run in all directions: forward, backward, up, down, and diagonally. After you have circled all the words, copy the unused letters and you will find a secret message.

```
E  L  S  S  E  T  R  A  M
A  B  A  A  D  O  Y  I  E
V  L  D  B  O  M  E  I  N
I  G  O  A  S  R  S  O  N
E  L  O  D  C  E  S  D  I
R  A  D  O  M  I  N  G  O
N  S  L  D  E  L  F  U  I
E  E  N  D  E  S  E  M  L
S  E  V  E  U  J  A  N  A
```

R. Los Días de la Semana. Match the English and Spanish names for the days of the week.

1. _____ Sunday   *a.* martes
2. _____ Monday   *b.* domingo
3. _____ Tuesday   *c.* sábado
4. _____ Wednesday   *d.* viernes
5. _____ Thursday   *e.* miércoles
6. _____ Friday   *f.* jueves
7. _____ Saturday   *g.* lunes

S. Complete the sentences.

1. Hoy es _____ .

2. Los días de la semana que vamos a la escuela son _____ , _____ ,

   _____ , _____ y _____ .

3. La semana empieza el _____ y termina el _____ .

4. Los domingos vamos a _____ .

5. Mi estación favorita es _____ y mi día favorito es _____ .

T. ¡Que corra la bola! The class may perform this exercise as follows: A student asks question #1 of a classmate, who answers with sentence *a* ("Pongo la radio cuando . . ."). The classmate then repeats the question to a third student, who answers with sentence *b* and repeats the question to a fourth student, who replies with sentence *c*, and so on, till all four questions and their sets of answers have been used.

Complete each reply by using the indicated verb:

1. *¿Qué haces tú en el invierno?*

   a. poner (to put, to turn on)   _____ la radio cuando me le-
   vanto por la mañana.

   b. ver (to see)   _____ caer la nieve.

   c. salir (to leave, to go out)   _____ con las botas.

   d. llevar (to wear)   _____ mi abrigo cuando camino a la escuela.

2. *¿Qué hace Marta en la primavera?*

   a. estar (to be)   _____ trabajando en el jardín.

   b. hacer (to do, to make)   _____ mucho trabajo.

   c. traer (to bring)   _____ a los amigos al partido.

   d. ir (to go)   _____ al partido de béisbol.

3. *¿Qué hacen ustedes en el verano?*

   a. ir (to go)   _____ a la playa.

   b. dar (to give; *dar un paseo*   _____ paseos en coche.
       = to take a walk, a ride)

   c. oír (to hear)   _____ la música en la radio.

   d. tener (to have)   _____ muchas fiestas en el
   parque.

4. *¿Qué hacen ellos en el otoño?*

   a. poder (to be able, can)   _____ volver a la escuela.

   b. traer (to bring)   _____ los libros a la clase.

   c. venir (to come)   _____ a la clase de español.

   d. conducir (to drive)   _____ el coche al instituto.

U. Describe the pictures on page 20 in Spanish.

_____

_____

_____

_____

Review Quiz: Irregular Verbs in the Present Tense

Complete each sentence by writing the correct form of the present tense of the verb in parentheses.

1. (conducir)   Yo _____ un coche.

2. (ofrecer)   Nosotros _____ nuestra ayuda.

3. (ir)   Él _____ al partido de baloncesto.

4. (saber)   Yo _____ tocar la guitarra.

5. (ver)   Tú _____ a Juan.

6. (conocer)   Ella _____ bien la calle Colón.

7. (hacer)   Usted _____ pocos errores.

8. (decir)   Vosotros _____ la verdad.

9. (traer)   Él _____ los esquíes.

10. (valer)   ¿Cuánto _____ esa joya?

11. (venir)   Tú _____ en coche.

12. (tener)   Ellos _____ que comer.

13. (estar)   Yo _____ enfermo.

14. (salir)   Vosotros _____ de la casa todos los días.

15. (ser)   Usted _____ americana.

16. (ir)   Nosotros _____ a la playa.

17. (poner)   Yo _____ los libros sobre la mesa.

18. (querer)   Ustedes _____ nadar cuando hace calor.

19. (tener)   Vosotros _____ frío en el invierno.

20. (salir)   Nosotros _____ con botas cuando hay nieve.

Experiencia Cultural

¿Por qué le quita la placa?

*Some American students visiting Mexico City are strolling down the **Paseo de la Reforma**. They see a policeman with a screwdriver in the act of removing the license plates of a car parked beside a curb. A student, Jim, asks the Mexican guide why this is done.*

JIM: Mire: el agente de policía le quita la placa[1] a ese coche. ¿Por qué?   [1] license plate

EL GUÍA: Porque el coche está ilegalmente estacionado.

JIM: ¿Por qué no le pone un aviso de multa[2] en vez de quitarle la placa?   [2] parking ticket

EL GUÍA: Porque mucha gente nunca paga la multa[3].   [3] fine

JIM: ¿Cómo sabe el dueño del coche dónde está su placa?

EL GUÍA: Generalmente llama a la policía y ésta le informa que la placa está allá y que, para obtenerla, hay que pagar una multa.

JIM: Ahora comprendo por qué muchos agentes de policía en México llevan al cinturón[4] destornilladores[5] y alicates[6].

[4] belt
[5] screwdrivers
[6] pliers

Adaptation

In a small group prepare a skit about the following situation:

As Joe Smith walks down the *Avenida de José Antonio* in Madrid, he sees a small car being hitched to a tow truck by a man in overalls, while a policeman looks on. The truck is then driven away.

The next day Joe witnesses a similar scene in front of the *Museo del Prado*. He asks a Spanish friend about it. His friend says that cars illegally parked are usually towed away.

Some expressions you can use in the skit:

el **agente de policía**, policeman
estacionar, to park
llevarse el coche, to tow away the car
el **camión**, truck

dueño, owner
conseguir, to get, to obtain
multa, fine
pagar, to pay

3
EL PROBLEMA DEL AGUA

En la mesa del comedor de una familia que celebra el cumpleaños de un hijo, hay unas copas de vino y unos vasos de agua. Una
de las copas de vino, que está llena hasta la mitad,[1] parece muy
feliz. En cambio, un vaso de agua, que está cerca de la copa, está
totalmente lleno y parece triste. La familia está en el patio, y
todos miran a los chicos que tratan de romper una piñata.[2]

El vino, al ver[3] que en toda la casa solamente el agua está triste,
le pregunta:

—¿Qué te pasa, hermana agua? ¿Estás preocupada?[4]

—Sí, tengo muchos problemas y no sé cómo resolverlos —contesta
el agua.

—¿Por qué no me los cuentas? Me gustaría[5] ayudarte.

—Yo sé que soy muy importante para las plantas, para los animales y para el hombre —empieza a decir el agua—. Recuerdo que
en el ayer era[6] el líquido más popular en todas las casas y los restaurantes. Sin embargo, hoy día los niños prefieren una soda y
los hombres una cerveza.[7] Además, hoy día cuando las familias
van a la playa no juegan conmigo. Me tienen miedo porque en el
mar—como en muchos ríos y lagos—soy agua contaminada. Los
animales me necesitan, pero muchas veces las quebradas[8] y char-
cas[9] donde ellos beben agua están cercadas[10] porque están con-
taminadas. Los agricultores también me necesitan para regar[11] los
campos, y si estoy contaminada puedo causar muchas enfermeda-
des. Me veo en muchas partes rechazada,[12] y por eso me siento
infeliz. A veces estoy sucia,[13] ya no soy el agua potable del ayer.
Quiero ser popular otra vez, porque yo sé lo importante que soy[14]
para la salud del hombre. Todo esto me preocupa mucho y no
encuentro una solución. No sé qué puedo hacer.

—Ahora entiendo tu problema, pero no sé qué puedo hacer
para ayudarte —contesta el vino—. Sin embargo, esta noche voy a
una tertulia,[15] y allí puedo preguntarle al hombre.

—Pienso que es una buena idea, porque allí los hombres discuten
y muestran interés por encontrar respuesta a toda clase de problema. Gracias, hermano vino.

El vaso de agua suda[16] y el sudor da al vino la impresión de que
el agua está llorando.[17]

[1] half full

[2] suspended clay jar filled with candies

[3] upon seeing

[4] worried (about something)

[5] I would like

[6] I was

[7] beer

[8] brooks

[9] ponds

[10] fenced off

[11] irrigate

[12] rejected

[13] dirty

[14] how important I am

[15] social gathering

[16] perspires

[17] crying

EJERCICIOS

A. Choose the correct answer or the best way to complete the sentence.

1. En la mesa del comedor hay

    a. muchas personas que celebran un cumpleaños

    b. un hijo menor

    c. algunos vasos y copas

    d. solamente una copa de vino y un vaso de agua

2. ¿Cómo está el vino?

    a. Piensa y está preocupado.

    b. Está contento.

    c. Está triste.

    d. Tiene muchos problemas.

3. ¿Para qué es necesaria el agua?

    a. para regar las plantas y los campos

    b. para beber

    c. para jugar en las playas

    d. para todas las cosas de arriba

4. El agua está preocupada porque

    a. está sucia y contaminada en muchos lugares

    b. los animales no quieren beberla

    c. es agua potable

    d. los niños juegan mucho con ella

5. El vino resuelve ayudar al agua

    a. llevándola a una tertulia

    b. presentando su problema al hombre en una tertulia

    c. obligando al hombre a ayudar al agua

    d. llorando con el hombre

B. Preguntas personales

1. ¿Qué bebidas prefieres?

    \---

2. ¿Qué haces para evitar la contaminación del agua?

    \---

3. En tus vacaciones, ¿qué partes de la naturaleza te gusta ver?

C. Use each expression in a Spanish sentence.

    1. celebra el cumpleaños _____

    2. sin embargo _____

    3. a veces _____

    4. en cambio _____

    5. pienso que _____

    6. me tienen miedo _____

D. Continue the pattern suggested by the following Spanish and English words.

solu*ción*	solu*tion*
emoción	emotion
ambición	ambition
continuación	continuation
aviación	aviation
------------------	------------------
------------------	------------------
------------------	------------------
------------------	------------------
------------------	------------------

Topical Vocabulary

La familia

abuelo, grandfather
abuela, grandmother

padres, parents
padre, father
madre, mother

hermano, brother
hermana, sister

hijo, son
hija, daughter

primo, cousin
prima, cousin (*f.*)

tío, uncle
tía, aunt

sobrino, nephew
sobrina, niece

nieto, grandson
nieta, granddaughter

E. Complete the following sentences by using the words listed above in the singular or plural.

1. El hijo de mi padre es mi _____ .

2. El hermano de mi madre es mi _____ .

3. Nuestra madre es la hija de nuestros _____ .

4. El hijo de mi tía es mi _____ .

5. Yo soy el hermano de mi _____ .

6. Los hijos de mi hermana son mis _____ .

7. Mis tíos son los hermanos de mis _____ .

8. Los hijos de mi tío son mis _____ .

9. Yo soy el nieto de mis _____ .

10. Mi abuelo es el padre de mi _____ .

Grammar: **Present Tense of Stem-Changing Verbs**

-AR and -ER Verbs

When verbs of this group are conjugated in the present tense, the stem vowel of the infinitive changes as shown below. The change occurs in the last vowel of the stem.

e ⟶ ie	No change occurs in the stems of the *nosotros* and
o ⟶ ue	*vosotros* forms of the verb.

		Stem	*Ending*
mostrar, to show		**mostr**	ar
yo	m**ue**stro	nosotros	mostramos
tú	m**ue**stras	vosotros	mostráis
Vd., él, ella	m**ue**stra	Vds., ellos, -as	m**ue**stran

		Stem	*Ending*
entender, to understand		**entend**	er
yo	ent**ie**ndo	nosotros	entendemos
tú	ent**ie**ndes	vosotros	entendéis
Vd., él, ella	ent**ie**nde	Vds., ellos, -as	ent**ie**nden

-IR Verbs, e ⟶ i

In verbs of this group, the stem vowel of the infinitive changes from **e** to **i**.

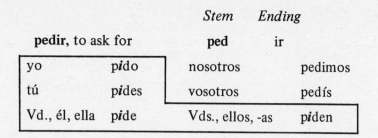

	Stem	Ending
pedir, to ask for	**ped**	ir

yo	p*i*do	nosotros	pedimos
tú	p*i*des	vosotros	pedís
Vd., él, ella	p*i*de	Vds., ellos, -as	p*i*den

-IR Verbs, o⟶ue, e⟶ie

In the present tense, the verbs **dormir** (to sleep) and **morir** (to die) have the same stem-change as **mostrar**; the verb **sentir** (to feel) has the same stem-change as **entender**:

dormir: d*ue*rmo, d*ue*rmes, d*ue*rme, dormimos, dormís, d*ue*rmen
sentir: s*ie*nto, s*ie*ntes, s*ie*nte, sentimos, sentís, s*ie*nten

F. Complete each sentence by writing the correct form of the present tense of the verb.

1. *preferir* (ie), to prefer

   Mi amigo _____ una cerveza.

2. *cerrar* (ie), to close

   Juan y yo _____ las ventanas.

3. *querer* (ie), to want, to wish; to love

   Usted _____ un vaso de agua.

4. *volver* (ue), to return; *volver a* + inf., again   (*volver a ir* = to go again)

   Ella _____ a ir a la playa.

5. *contar* (ue), to count; to tell, narrate

   Yo _____ el dinero que tengo en el bolsillo.

6. *resolver* (ue), to solve; to resolve

   Vosotras _____ el problema.

7. *pensar* (ie), to think; to intend to

   Tú _____ bañarte en el lago, ¿verdad?

8. *recordar* (ue), to remember

   El profesor _____ que tiene que ir a la tertulia.

9. *pedir* (i), to ask for; to order (in a restaurant)

   Yo _____ un vaso de agua.

10. *empezar* (ie), to start, to begin

    Ellos _____ a preparar las bebidas.

11. *jugar* (ue), to play

    Tú siempre _____ en el agua.

12. *poder* (ue), to be able, can

    La chica _____ nadar ahora.

13. *dormir* (ue), to sleep

    Ella _____ en la cama grande.

14. *perder* (ie), to lose

    Ustedes _____ de vista el océano.

15. *mostrar* (ue), to show

    Nosotros _____ unas fotos sacadas en los Andes.

16. *almorzar* (ue), to have (eat) lunch

    Yo _____ a las doce generalmente.

17. *entender* (ie), to understand

    Nosotros _____ lo que dicen en español.

18. *costar* (ue), to cost

    ¿Cuánto _____ la piñata?

19. *encontrar* (ue), to find

    Usted siempre _____ lo que busca.

20. *sentir* (ie), to regret, to feel sorry

    Yo sé que ustedes lo _____ mucho.

G. Form a new sentence by replacing the word in italics with the indicated words, making all necessary changes.

1. *Yo* puedo venir temprano.   *a.* Nosotros   *b.* Ellos   *c.* Tú   *d.* Usted

   a. _____   *c.* _____

   b. _____   *d.* _____

2. *Teresa* vuelve a estudiar.   *a.* Mis amigos   *b.* Vosotros   *c.* Tú   *d.* Usted y yo

   a. _____   *c.* _____

   b. _____   *d.* _____

3. *Ustedes* juegan al baloncesto.   *a.* Yo   *b.* Nosotros   *c.* Antonio y Miguel   *d.* Usted

   a. _____   *c.* _____

   b. _____   *d.* _____

4. Los estudiantes *almuerzan* a las once y media.

   a. empezar   *b.* querer comer   *c.* cerrar la puerta   *d.* comenzar

   a. _____   *c.* _____

   b. _____   *d.* _____

5. Luisa *quiere* nadar en el lago.   *a.* preferir   *b.* resolver   *c.* poder   *d.* pensar

a. _____   *c.* _____

b. _____   *d.* _____

Topical Vocabulary

Bebidas y aspectos naturales

1. agua, soda, limonada, naranjada, jugos, café, té, leche, cerveza, vino, bebidas alcohólicas
2. montaña, pico, cerro, colina, loma, valle, llanura, meseta, campo
3. océano, mar, lago, playa, isla, archipiélago, península
4. río, orilla del río, cascada, quebrada, pozo

H. Complete each sentence in three possible ways, using any of the words listed in the four groups above.

1. Una persona puede nadar en . . .

   (*a*) _____ (*b*) _____ (*c*) _____

2. Cuando hace calor, una persona prefiere tomar . . .

   (*a*) _____ (*b*) _____ (*c*) _____

3. El agua se puede usar para preparar las siguiente bebidas:

   (*a*) _____ (*b*) _____ (*c*) _____

4. Yo pienso ir de vacaciones a (al) . . .

   (*a*) _____ (*b*) _____ (*c*) _____

5. Mi amigo(-a) muestra fotos de . . .

   (*a*) _____ (*b*) _____ (*c*) _____

I. In the following dialogue, play the role of Patricia.

Juan y Patricia están en la playa con un grupo de amigos. Ven jugar a los amigos y conversan del verano, del agua, del calor y de los refrescos.

JUAN: Hoy hace mucho calor.

PATRICIA: _____

JUAN: Pero el agua del mar está fresca.

PATRICIA: _____

JUAN: ¿Quieres ir a tomar un refresco?

PATRICIA: _____

JUAN: Aquí venden limonadas y sodas. ¿Qué prefieres?

PATRICIA: _____

JUAN: ¿Quieres invitar a los amigos?

PATRICIA: _____

J. Describe this picture in Spanish.

_____

_____

_____

_____

_____

K. ¡Vamos a charlar!

You and your classmates will interview a member of your class. Everyone takes turns asking
him questions of the type mentioned below. He may answer as many questions as he wishes.
If he doesn't want to answer a question, he may exchange roles with his questioner by saying,
"Tú vas a contestar"—and repeats the question. The student who had originally asked it must
reply, and *he* now becomes the person interviewed by the class.

All questions must contain the verb *tener*.

EXAMPLES: ¿Cuántos años tienes?
           ¿Tienes hermanos?

L. Crucigrama. Stem-Changing Verbs

Caution: Three of the verbs in this *crucigrama* are not stem-changing in the present tense. Can you tell which they are?

1. El señor (resolver) tomar vino.
2. Paco y yo (contar) con su ayuda.
3. Tú (ver) el vaso de agua.
4. ¿A qué hora (comenzar) la tertulia?
5. bebida alcohólica que se toma en una copa
6. extensión de agua donde los hombres se bañan
7. Susana (recordar) que hoy es martes.
8. Yo (hacer) todos los exámenes.
9. Vosotros (cerrar) las puertas y ventanas.
10. Las chicas (sentir) no poder ir de paseo al río.
11. líquido importante para el hombre, los animales y las plantas
12. Ustedes (beber) agua en la cena.
13. Nosotros (pensar) ir de vacaciones a la montaña.

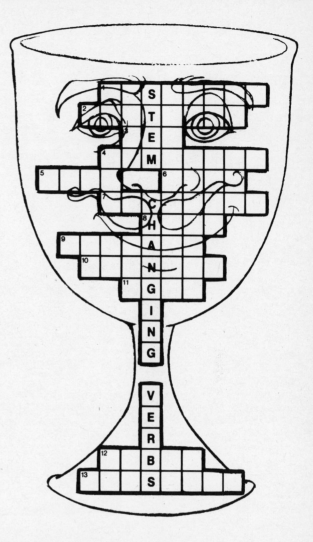

Review Quiz: Stem-Changing Verbs

(1) Complete each sentence by writing the correct form of the present tense of the verb in parentheses.

1. (sentir)   Él lo _____ mucho.

2. (encontrar)   Nosotros _____ a mi tío en la calle.

3. (entender)   Ella _____ a su padre.

4. (almorzar)   Yo _____ con mis amigos.

5. (poder)   Él _____ visitar las cascadas del Iguazú.

6. (jugar)   Ella _____ al tenis.

7. (empezar)   Ellos _____ a romper la piñata.

8. (pensar)   Ustedes _____ en el futuro.

9. (contar)   Yo _____ los estudiantes en la clase.

10. (resolver)   Vosotros _____ el problema.

11. (volver)   Nosotros _____ a casa ahora.

12. (querer)   Usted _____ tomar una limonada.

13. (preferir)   Tú _____ ir de vacaciones al lago.

14. (cerrar)   Vosotros _____ la puerta.

15. (comenzar)   Tú _____ la charla.

(2) Complete the following sentences:

1. Los hijos de mis tíos son mis _____ .

2. Yo soy el nieto de mis _____ .

3. Mis tíos son los hermanos de mis _____ .

4. Los hijos de mis padres son mis _____ .

5. Mi abuelo es el padre de mi _____ .

6. Cuando hace calor, yo prefiero ir _____ .

7. Las bebidas que me gustan más son _____ .

8. A mí me gusta nadar en _____ .

9. Usamos _____ para regar las plantas y los campos.

10. En un archipiélago hay muchas _____ .

Experiencia Cultural

Invitación a una cena

Jim and Karen Jones arrive in Mexico City one morning. It is their first trip to Mexico. Jim's Mexican friend Pepe, whom he had met in the States, calls them at their hotel and invites them to a nine-o'clock dinner party at his house. They reach his house at 9:15 and hope he won't be offended by their lateness. Jim rings the doorbell and, after a long pause, a servant appears and ushers them into the living room. They sit quietly for a while, wondering if they are in the wrong house; no one else is there. Finally, at 9:30, their host appears. He greets them warmly. At 9:45 other guests begin to arrive. Jim and Karen are puzzled: why are all the guests so late? They are glad when dinner is served at 10:30 but wonder if they had misunderstood Pepe when he told them to come at nine.

JIM: Al fin vamos a comer. ¿Por qué tan tarde?

PEPE: No entiendo tu pregunta. No es tarde.

KAREN: Son las diez y media, y en nuestro país se come más temprano.

PEPE: Ah, sí. Ahora entiendo. Aquí se come tarde.

KAREN: Entonces, ¿por qué invitan ustedes a las personas a las nueve si se come a eso de las once?

PEPE: Es una costumbre española: se invita a venir temprano porque los invitados casi siempre llegan tarde.

JIM: Yo tengo mucha hambre. No hemos comido desde el mediodía.*

PEPE: Jim, aquí en México se toma una comida ligera, *la merienda*, a eso de las cinco.

JIM: Esto es nuevo para nosotros. Desde mañana en adelante Karen y yo vamos a tomar una merienda todos los días.

*We haven't eaten since noon.

Adaptation

Prepare a conversation in which you invite a Spanish student to have dinner at your house. Tell him not to be late because dinner is usually served at six o'clock. Tell him how to get to your house.

Some expressions you can use in the conversation:

cena, supper
invitar, to invite
en punto, on the dot
comida, meal; food; dinner
comer, to eat
¿A qué hora?, At what time?
a eso de, at about
vivir, to live

la dirección, the address
la calle, the street
tomar el autobús número 10, to take bus number 10
bajar, to get off
esquina, corner
cuadra, block

4

EL ESPEJO MÁGICO

Adela está muy ocupada. Está limpiando su cuarto y tiene un terrible dolor de cabeza. Toma una aspirina y continúa trabajando. Cuando va a limpiar el vidrio[1] de la ventana, ve que su mano derecha lo pasa.[2] Trata de tocarlo con la izquierda, y esa mano también pasa por el vidrio. Asombrada,[3] se pregunta: «¿Desde cuándo puedo yo atravesar[4] los vidrios?» Se sienta y se pone a pensar en este poder[5] misterioso.

Se acuerda de la aspirina y se pregunta: «¿Me da esta píldora este poder?» No lo sabe. «¿Cuánto tiempo dura[6] mi poder?» vuelve a preguntarse, y tampoco lo sabe.

Se levanta y, muy preocupada, sigue limpiando la casa. Después de media hora, va a limpiar los vidrios de la sala y ve que ya no puede atraversarlos. Comprende que ya no tiene su poder. Toma otra aspirina y vuelve a obtenerlo. Ahora está segura de que la píldora le da el misterioso poder.

Adela comprende que posee algo especial. Vuelve a sentarse y se pregunta: «¿Qué puedo yo hacer con este poder?» A su mente viene una serie de ideas: ahora puede entrar en las joyerías[7] y obtener todas esas joyas que desea; puede entrar en los almacenes[8] para conseguir la ropa más fina, y de sus colores favoritos; puede atravesar los vidrios de las zapaterías para escoger[9] zapatos caros; además, puede entrar en los bancos y tomar todo el dinero que necesita para viajar.

Con todas estas ideas en su mente, se mira en el espejo. ¡Qué visión tan agradable! La muchacha que se ve reflejada[10] en el espejo es una Adela nueva, una dama hermosa y elegante. Lleva un vestido de noche[11] muy fino y unas joyas preciosas. Se dice con alegría: «¡Es un espejo mágico! Lo que[12] me muestra es la dama rica y feliz que me haré,[13] ¡gracias a este nuevo poder!» Pero en ese momento la imagen[14] en el espejo se cambia, y ahora Adela ve un barrio pobre donde viven mujeres mal vestidas y niños que tienen hambre. Ve también a los maridos y padres de ellos, obreros sin empleo[15] que andan por las calles buscando trabajo. Uno de esos hombres, un viejo con bigotes,[16] se vuelve y la mira. La muchacha lo reconoce: ¡es su tío Miguel! El viejo tiene una expresión muy severa, y le dice:

—Adela, ¡qué vergüenza![17] ¿No sabes que las manos que pasan los vidrios no pueden pasar las rejas[18] de la cárcel?[19] ¿Cómo puedes hacer lo que piensas? Tú no eres una ladrona.[20]

Y la imagen en el espejo empieza a desvanecerse.[21]

—¡Tío Miguel, espere! —grita Adela.

—¡Adela, Adela! —alguien la llama. Abre los ojos y ve a su madre junto a la cama.

[1] glass
[2] goes through it
[3] astonished
[4] go through
[5] power
[6] lasts
[7] jewelry stores
[8] department stores
[9] choose
[10] reflected
[11] evening gown
[12] What
[13] I shall become
[14] image
[15] unemployed
[16] moustache
[17] for shame!
[18] bars   [19] prison
[20] thief
[21] fade away

—Levántate,[22] que vas a llegar tarde a la escuela.   [22] Get up

   Adela se levanta y va a la ventana. Mira afuera, ve su barrio puertorriqueño con tantas necesidades, y toca el vidrio. Lentamente va hacia el espejo para mirarse y, acordándose del sueño, se dice: «¡Qué lástima! Pero el tío Miguel tiene razón.» Se dirige[23] al   [23] She goes cuarto de baño, se lava, se cepilla los dientes, se peina y se viste. Después baja a desayunar y luego sale para la escuela.

EJERCICIOS

A. Answer each question with a complete Spanish sentence.

   1. ¿Qué está haciendo Adela?

   _____

   2. ¿Por qué toma una aspirina?

   _____

   3. ¿Por qué se asombra Adela?

   _____

   4. ¿Qué puede hacer Adela con su misterioso poder?

   _____

   5. ¿Cómo es la Adela que aparece en el espejo?

   _____

   6. Según el tío Miguel, ¿por qué no debe hacer Adela lo que piensa para hacerse rica?

   _____

   7. ¿Quién despierta a Adela?

   _____

   8. ¿Adónde va Adela después de levantarse?

   _____

   9. ¿Qué mira Adela fuera de la ventana?

   _____

   10. ¿Qué hace Adela antes de salir para la escuela?

   _____

B. Preguntas personales

   1. ¿Qué haces antes de tomar el desayuno?

   _____

   2. ¿Deseas ser rico(-a)? ¿Por qué?

   _____

C. Use each expression in a Spanish sentence.

1. tiene dolor de cabeza _____

2. se pone a pensar _____

3. junto a _____

4. tiene hambre _____

5. conseguir la ropa _____

Grammar: **Reflexive Verbs**

	REFLEXIVE PRONOUNS	*lavarse*, to wash oneself	
myself	*me*	yo	*me* lavo
yourself (*familiar*)	*te*	tú	*te* lavas
himself herself yourself	*se*	él ella Vd.	*se* lava
ourselves	*nos*	nosotros	*nos* lavamos
yourselves (*familiar*)	*os*	vosotros	*os* laváis
themselves yourselves	*se*	ellos ellas Vds.	*se* lavan

D. Write the appropriate reflexive pronoun.

1. mirarse (to look at oneself)   Adela _____ mira en el espejo.

2. lavarse (to wash oneself)   El chico _____ lava las manos y la cara.

3. asombrarse (to be astonished)   Las señoras _____ asombran del precio de la blusa.

4. bañarse (to bathe)   Nosotros _____ bañamos en el mar.

5. dirigirse (to go [toward], to address)   Tú _____ diriges al profesor.

6. acordarse (to remember)   Yo no _____ acuerdo del color de la camisa.

7. sentirse (to feel)   Yo _____ siento un poco enfermo.

8. ponerse (to put on)   Vosotros _____ ponéis los zapatos.

9. levantarse (to get up)   Adela quiere levantar_____ temprano.

10. verse (to see oneself)   Yo quiero ver_____ bien vestido.

11. despertarse (to wake up)   Usted desea despertar_____ a las ocho, ¿verdad?

12. sentarse (to sit down)   Nosotros queremos sentar_____ aquí.

13. acostarse (to go to bed)   Yo tengo que acostar_____ temprano.

14. vestirse (to get dressed)   Mercedes quiere vestir_____ con su

    mejor vestido.

15. quitarse (to take off)   Nosotros deseamos quitar_____ la cha-

    queta porque hace calor.

E. Write the appropriate form of the present tense of the verb.

1. (dirigirse)   Bárbara _____ al lago en su coche.

2. (despertarse, [ie])   Los chicos _____ a las seis y media.

3. (levantarse)   Todos los días yo _____ a eso de las seis.

4. (sentarse [ie])   Tú _____ con tus amigos.

5. (vestirse [i])   Nosotros _____ con pantalones largos.

6. (acostarse [ue])   Los chicos _____ a las diez y media.

7. (bañarse)   Vosotros _____ por la noche.

8. (mirarse)   Yo _____ al espejo para arreglarme la corbata.

9. (acordarse [ue])   María _____ de traer el abrigo de su amiga.

10. (asombrarse)   Ustedes _____ al ver los colores de mi camisa.

F. Crucigrama. Reflexive Verbs

(*Note*. A heavy line between blank boxes indicates that the answer consists of two words.)

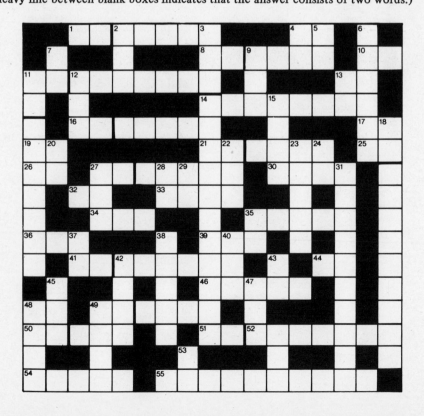

HORIZONTALES	VERTICALES

HORIZONTALES

1. Ellos (ponerse) a bailar.
4. pronombre reflexivo de *vosotros* (invertido)
8. Vosotros (irse) muy temprano.
10. terminación del verbo *hablar*
11. Tú (sentirse) bien, ¿verdad?
13. «of» en español (invertido)
14. «to fall asleep» en español
16. Ella (vestirse) con el traje de baile.
17. singular de *sus* (invertido)
19. «to go» en español
21. Él (lavarse) las manos.
25. terminación de *tener* (invertido)
26. igual al #20 vertical
27. Tú (mirarse) en el espejo.
30. cuarto de la casa
32. contrario de *no*
33. quinto mes del año
34. «eye» en español
35. estación del año (invertido)
36. masculino de *esa*
39. pronombre reflexivo de *nosotros*
41. Tú (peinarse) por la mañana.
44. bebida que no es café (invertido)
46. La hija de mis abuelos es mi _____.
48. El lunes (ser) el primer día de la semana.
49. Yo (bañarse) todos los días.
50. Tú (irse) siempre a las 10.
51. Ana (levantarse) a eso de las 6.
54. Nosotros tenemos que (irse).
55. el infinitivo de *nos cepillamos*

VERTICALES

2. «foot» en español
3. Nosotros (desayunarse) con Elena.
4. «if» en español
5. pronombre reflexivo de *vosotros*
6. Para hacer rodar el coche, se usan las _____. (invertido)
7. pronombre reflexivo de *usted*
9. sinónimo de *mirar*
11. Tú (dirigirse) a la escuela, ¿no?
12. plural del posesivo *su*
13. Junio (ser) un mes del año.
15. femenino de *míos*
18. Los chicos (preguntarse), ¿vale la pena ser rico?
20. terminación de *comprar* (invertido)
22. sinónimo de *aquello*
23. Nosotros (ir) al juego.
24. contracción de *a + el*
27. El hermano de mi padre es mi _____.
28. singular de *mis* (invertido)
29. igual al #20 vertical
31. Nosotros queremos (acostarse) a las 10.
35. igual al #5 vertical
37. pronombre reflexivo de *tú* (invertido)
38. sinónimo de *ver*
40. femenino de *oso*
42. Caminamos con los _____.
43. terminación de *escribir*
45. igual al #36 horizontal
47. contracción de *de + el*
48. Tú debes (irse) temprano. (invertido)
49. Escribo con la _____ derecha.
52. Marcos (leer) mucho. (invertido)
53. pronombre reflexivo de *ella*

The Present Progressive Tense (*Optional*)

The present progressive tense consists of the present tense of **estar** + a *present participle:*

PRESENT
PARTICIPLE

estamos hablando   we are speaking

The present participle, or "-ing" form of the verb, is formed as shown in the four examples of exercise **G**, below.

G. Write the present participle ("-ing" form) of the following verbs.

(1) *Regular verbs*

EXAMPLES: tom**ar**—tom**ando**, taking; com**er**—com**iendo**, eating; viv**ir**—viv**iendo**, living

1. trabajar _____   2. saltar _____

3. correr _____   4. subir _____

(2) *Verbs in which -iendo becomes -yendo*

EXAMPLE: ca**er**—ca**yendo**, falling

1. creer _____   2. leer _____

3. oír _____   4. traer _____

(3) *Stem-changing -ir verbs:* **e $\longrightarrow$ i, o $\longrightarrow$ u**

EXAMPLES: ven**ir**—v**i**niendo, coming; mor**ir**—m**u**riendo, dying

1. pedir _____   2. sentir _____

3. dormir _____   4. seguir _____

(4) *Reflexive verbs*

EXAMPLES: levant**arse**—levant**ándose**, getting up, rising
ponerse—pon**iéndose**, putting on
aburr**irse**—aburr**iéndose**, getting bored

1. bañarse _____   2. peinarse _____

3. dirigirse _____   4. verse _____

H. Answer each question by using the two forms of the present progressive tense illustrated in the Example.

EXAMPLE: (*arreglar* el radio) ¿Qué hace usted?
    a. Estoy arreglando el radio.   *I am fixing* the radio (set).
    b. Sigo arreglando el radio.   *I continue fixing* the radio.

(1) ¿Qué hace Adela?

1. *levantarse*

    a. _____   *b.* _____

2. *bañarse*

    a. _____   *b.* _____

3. *desayunarse*

a. _____   b. _____

(2)   ¿Qué hacen ellos?

1. *limpiar* el coche

a. _____   b. _____

2. *correr* por el camino

a. _____   b. _____

3. *escribir* cartas

a. _____   b. _____

(3)   ¿Qué haces tú?

1. *traer* los libros

a. _____   b. _____

2. *tocar* el piano

a. _____   b. _____

3. *vestirse* ($e \longrightarrow i$)

a. _____   b. _____

(4)   ¿Qué hacen ustedes?

1. *oír* ($i \longrightarrow y$) la música

a. _____   b. _____

2. *conversar*

a. _____   b. _____

3. *acostarse*

a. _____   b. _____

(5)   ¿Qué hace usted?

1. *lavarse*

a. _____   b. _____

2. *ofrecer* refrescos a los invitados.

a. _____   b. _____

3. *dormirse* (to fall asleep; $o \longrightarrow u$)

a. _____   b. _____

Topical Vocabulary

La ropa

el abrigo   la blusa   la bolsa   la camisa   los calcetines

la cartera   el cepillo   el cinturón   la corbata   los chanclos   la chaqueta

la falda   los guantes   el impermeable   el jersey   las medias

el pantalón   el pañuelo   el paraguas   el peine   la ropa interior

el sombrero   el traje   el traje de baño   el vestido   los zapatos

I.   Complete the sentences with appropriate words or expressions referring to articles of clothing.

1.   En la cabeza me pongo _____.

2.   Generalmente las chicas se visten con _____.

3.   Los chicos se ponen _____.

4.   Cuando hace frío, Juan se pone _____.

5.   Cuando vamos al lago a nadar nos ponemos _____.

6.   Después de ponerme las medias me pongo _____.

7.   Cuando llueve llevo _____ o _____.

8. Nos peinamos con _____.

9. En el otoño llevamos con frecuencia _____.

10. Cuando vamos a una fiesta nos ponemos el mejor _____.

J. Describe in Spanish the picture on page 38.

_____

_____

_____

_____

K. Buscapalabras. In the block of letters, find 14 words denoting articles of clothing. The words run in all directions: forward, backward, up, down, and diagonally. After you have circled all the words, copy the unused letters and you will find a hidden message.

```
A  I  D  E  M  M  E  G  Z  P
U  C  H  A  Q  U  E  T  A  A
S  A  B  R  I  G  O  N  P  Ñ
T  M  S  E  A  L  T  A  A  U
C  I  A  Ú  J  A  M  I  T  E
S  S  A  D  L  A  F  A  O  L
Q  A  S  O  M  B  R  E  R  O
E  T  N  A  U  G  U  T  E  L
V  E  S  T  I  D  O  L  E  V
S  A  S  A  T  A  B  R  O  C
```

L. Review the Spanish words for:

1. black _____ 6. white _____

2. green _____ 7. colors _____

3. yellow _____ 8. gray _____

4. red _____ 9. purple _____

5. blue _____

M. Answer each question, using the appropriate form of the adjective in parentheses.

1. ¿Qué calcetines te pones?   (blanco)

_____

2. ¿Con qué camisa se viste Juan?   (rojo)

_____

3. ¿Cuáles son los zapatos que quieres comprar?   (negro)

_____

4.   ¿De qué color es la corbata que quieres?   (verde)

   ----

5.   ¿Qué vestido vas a ponerte?   (azul)

   ----

6.   ¿De qué color es el suéter de Juana?   (amarillo)

   ----

7.   ¿Qué chaqueta te gusta más?   (marrón)

   ----

8.   ¿De qué color tiene María el pelo?   (castaño)

   ----

9.   ¿De qué color tiene Miguel los ojos?   (pardo)

   ----

10.   ¿Qué blusa vas a llevar?   (morado)

N. Ask a classmate the following questions. After he answers them, reverse the roles.

1.   ¿De qué color es tu camisa (la blusa)?
2.   ¿De qué color son tus zapatos?
3.   ¿Cuál es tu color favorito?
4.   ¿A qué hora te levantas?
5.   ¿En qué estación del año llevas un impermeable?
6.   ¿Qué te pones cuando hace frío?
7.   ¿A qué hora te acuestas?
8.   ¿Qué estás aprendiendo en la clase?
9.   ¿De qué cosas estamos hablando en la clase?
10.   ¿Quién tiene una blusa blanca?

O. **Buscapalabras.** In the block of letters, find the Spanish words for 8 colors. The words run in all directions: forward, backward, up, down, and diagonally. After you have circled all the words, copy the unused letters and you will find a description of the flag of Italy.

```
L   A   B   L   A   N   C   O

E   D   R   E   V   B   L   D

A   N   D   E   R   L   A   A

E   S   G   R   I   S   V   R

L   E   R   R   D   E   O   O

U   B   A   L   A   J   N   M

Z   M   C   A   O   Y   R   O

A   J   A   O   R   G   E   N
```

Review Quiz: **Reflexive Verbs**

(1) Write the appropriate form of the reflexive pronoun.

  1. Ella _____ mira en el espejo.

  2. Yo _____ pongo la corbata.

  3. Nosotros _____ cepillamos los dientes después del desayuno.

  4. ¿A qué hora _____ despiertas?

  5. Vosotros _____ levantáis temprano.

(2) Complete each sentence by using the appropriate form of the present tense of the verb in parentheses.

  1. (bañarse)   ¿Por qué no _____ tú ahora?

  2. (ponerse)   Él _____ la camisa.

  3. (quitarse)   Vas a _____ los zapatos.

  4. (sentarse)   Yo _____ a la mesa.

  5. (peinarse)   Ellas _____ por la mañana.

(3) Write the Spanish names for ten articles of clothing. (Use the definite article in each case.)

  1. _____   6. _____

  2. _____   7. _____

  3. _____   8. _____

  4. _____   9. _____

  5. _____   10. _____

(4) Name your five favorite colors in Spanish.

  _____

Experiencia Cultural

De compras

  Two American girls on a tour of Chile go window-shopping in downtown Santiago. They enter a dress shop, look around, and approach a counter where blouses are sold. The girls chat excitedly about some blouses displayed in a showcase. As the saleswoman comes up to them, Sandra, the older girl, prepares to practice her high-school Spanish.

LA VENDEDORA: ¿Qué clase de blusa quieren Vds., señoritas?

SANDRA (*señalando con el dedo*[1]): Queremos ver esa blusa y   [1] pointing
  aquélla.

LA VENDEDORA: ¿La amarilla y la roja? Bien, aquí las tienen. (*Las
  muchachas desdoblan*[2] *las blusas y se las ponen contra el cuerpo*   [2] unfold
  para medírselas.)

SANDRA: Estas blusas son bonitas, pero ¿podemos ver otros colores?

LA VENDEDORA: ¡Cómo no! Aquí están otras. (*Pone sobre el mostrador*[3] *cuatro blusas de colores diferentes. Las muchachas charlan un rato en inglés y luego las devuelven*[4] *a la vendedora.*)

[3] counter
[4] return

SANDRA (*con una sonrisa*): Muchas gracias pero no nos gustan mucho. Adiós. (*Las muchachas salen de la tienda. La vendedora, muy enojada,*[5] *se dirige al gerente.*[6])

[5] angry
[6] (store) manager

LA VENDEDORA: ¡Estas gringas me chocan![7] Me hacen perder el tiempo.[8] Les muestro las blusas, las desdoblan, y luego no compran nada.

[7] annoy, irritate
[8] They waste my time.

EL GERENTE: Sus costumbres de compras son diferentes de las nuestras. En los Estados Unidos las personas pueden tocar y probarse[9] la ropa en los almacenes sin tener que comprar nada.

[9] try on

LA VENDEDORA: Puede ser así en su país, pero aquí no. ¡Qué descaro![10]

[10] What a nerve!

EL GERENTE: No hay que enojarse; son turistas.

Adaptation

Prepare a skit about the following situation:

A young American in Málaga, Spain, enters a clothing shop to buy a bathing suit or other item of apparel, and talks to a salesperson.

Note. From the dialogue entitled *De compras*, you have just learned that shoppers in Hispanic countries are not as free as they are in the United States to try on clothes before buying them. Thus, to the American in your skit, the following lists of equivalent sizes may be indispensable!

Tallas y Tamaños

Señoritas

Vestidos

Estados Unidos	8	10	12	14	16	18	20
España	38	40	42	44	46	48	50

Zapatos

Estados Unidos	4	5	6	7	8	9
España	35	36	37	38	39	40

Blusas, suéteres

Estados Unidos	32	34	36	38	40	42
España	38	40	42	44	46	48

Señores

Trajes

Estados Unidos	36	38	40	42	44	46
España	46	48	51	54	56	59

Zapatos

Estados Unidos	8	8½	9½	10	10½
España	41	42	43	44	45

Camisas

Estados Unidos	14½	15	15½	16	16½
España	37	38	39	40	41

Some expressions you can use in the skit:

traje de baño, bathing suit, swimsuit
quiero comprar, I want to buy
tamaño, size
talla, dress size
aquí está, here is
medirse, to measure
probarse, to try on

¿Cuánto cuesta?, How much does it cost?
me gusta(n), I like
¿De qué color?, What color?
¿Puedo probármelo(-la)?, May I try it on?
¿Qué quiere usted?, What do you wish?
caro(-a), expensive
barato(-a), inexpensive

Las Monedas del Mundo Hispano

In the United States, the basic monetary unit is the *dollar* (*el dólar*). Our dollar is also used in Puerto Rico. Here are the names of the basic monetary units used in the other Spanish-speaking countries:

Moneda	*País en que se usa*	*Moneda*	*País en que se usa*
la **peseta**	España	el **córdoba**	Nicaragua
el **peso**	México, Colombia, Bolivia, la Argentina, el Uruguay, Cuba y la República Dominicana	el **balboa**	Panamá
		el **bolívar**	Venezuela
		el **sucre**	el Ecuador
		el **sol**	el Perú
el **quetzal**	Guatemala	el **guaraní**	el Paraguay
el **colón**	el Salvador y Costa Rica	el **escudo**	Chile
el **lempira**	Honduras		

P. Match each country on the left with the name of the money it uses by writing the appropriate letter in the blank.

_____ 1. el Ecuador		*a.* la peseta
_____ 2. México		*b.* el bolívar
_____ 3. Venezuela		*c.* el escudo
_____ 4. España		*d.* el peso
_____ 5. el Perú		*e.* el sol
_____ 6. Costa Rica		*f.* el guaraní
_____ 7. Chile		*g.* el sucre
_____ 8. Guatemala		*h.* el quetzal
_____ 9. Panamá		*i.* el balboa
_____ 10. el Paraguay		*j.* el colón

Q. **Buscapalabras.** In the block of letters, find 12 names for the monetary units of the Hispanic world. The words run in all directions: forward, backward, up, down, and diagonally. After you have circled all the words, copy the unused letters (from left to right, top to bottom), and you will find the title of this puzzle in English.

```
S  L  A  Z  T  E  U  Q  E
R  C  A  P  A  O  N  R  I
A  O  R  I  S  S  C  H  N
V  R  I  E  W  U  O  R  A
I  D  P  E  S  E  T  A  R
L  O  M  D  O  C  S  F  A
O  B  E  O  L  R  U  M  U
B  A  L  B  O  A  O  D  G
N  E  Y  N  O  L  O  C  O
```

5

NACÍ LIBRE

Nací en las islas Canarias. Allí viví, crecí y conocí a una hermosa canaria. Ella nació en una isla cercana de la mía. Nos enamoramos a primera vista.[1] La vida es buena en los palmares[2] de la costa o en las forestas de las islas, y ¡qué bueno es respirar el aire puro lleno de sal de mar!

En la primavera nos casamos, y, en un bosquecito[3] lleno de árboles frutales y de pinos, construimos nuestro nido[4] de amor. Juntos fuimos[5] a todos los lugares de las islas. Con ella comí las mejores frutas tropicales y gozamos mucho de nuestra libertad.

Muy pronto llegaron nuestros hijos. Desde ese día, salí solo a buscar el alimento[6] para la familia. Cuando les traía[7] la comida todos me recibían[8] con gran alegría, y todos éramos[9] felices.

Un día salí temprano a buscar frutas para el desayuno de la familia. A lo lejos, en un árbol, vi algo rojo. Con curiosidad me acerqué y vi que era[10] una fruta madura. Fui a cogerla y de pronto una puerta se cerró detrás de mí. Entonces comprendí que era una trampa.[11]

Unas manos me aprisionaron y me metieron en una celda.[12] Me llevaron en un coche y luego viajé en barco a un país lejano[13] y extraño.

Hoy día me encuentro en una jaula[14] bella, cerca de una ventana. Un chico me da agua y muy buen alimento, y parece contento conmigo. Mi cárcel[15] está siempre limpia, y todos me tratan como a un rey. Pero no soy feliz porque estoy prisionero y lejos de mi familia.

Todos los días oigo música y las noticias en la radio. Ayer escuché que hay presos[16] que piden mejor trato y mejores condiciones en su prisión. Yo ya tengo todas esas «mejores condiciones» aquí, pero no es eso lo que quiero. Estoy aquí en una jaula elegante, nunca cometí un crimen, y yo sé bien que nunca voy a tener un juicio.[17] Yo quiero ser libre y volver a mi nido en el bosque. ¿Por qué me tienen aquí?

[1] It was love at first sight.
[2] palm groves
[3] little forest
[4] nest
[5] we went
[6] food
[7] I brought
[8] would receive
[9] all of us were
[10] it was
[11] trap
[12] cell
[13] distant
[14] cage
[15] jail
[16] prisoners
[17] trial

EJERCICIOS

A. Answer each question with a complete Spanish sentence.

1. ¿Quién es el que habla? _____

2. ¿Dónde nació y vivió? _____

3. ¿Con quién se casó? _____

54

4. ¿Dónde construyeron su nido? _____

5. ¿Cuándo salió solo a buscar el desayuno? _____

_____

6. ¿Qué vio en un árbol? _____

7. ¿En qué cayó nuestro héroe? _____

8. ¿Cómo lo tratan hoy día? _____

9. ¿Por qué no es feliz? _____

10. ¿Cómo está la «cárcel» del canario? _____

11. ¿Qué crimen cometió nuestro héroe? _____

12. ¿Qué es lo que él prefiere? _____

B. Preguntas personales

1. ¿Eres libre? _____

2. ¿Cuál de los animales domésticos te gusta más? ¿Por qué? _____

_____

C. Use each expression in a Spanish sentence.

1. con frecuencia _____

2. a lo lejos _____

3. de pronto _____

4. lejos de _____

5. desde ese día _____

D. Continue the pattern suggested by the following Spanish and English words.

1. can*ario*   can*ary*

   contrario   contrary

   solitario   solitary

   _____   _____

   _____   _____

   _____   _____

2. curios*idad*   curios*ity*

   velocidad   velocity

   electricidad   electricity

   _____   _____

   _____   _____

   _____   _____

Grammar: The Preterite Tense

Note that the preterite endings for -ER and -IR verbs are identical.

	habl*ar* to speak	com*er* to eat	viv*ir* to live
	I spoke	I ate	I lived
yo	habl*é*	com*í*	viv*í*
tú	habl*aste*	com*iste*	viv*iste*
Vd., él, ella	habl*ó*	com*ió*	viv*ió*
nosotros, -as	habl*amos*	com*imos*	viv*imos*
vosotros, -as	habl*asteis*	com*isteis*	viv*isteis*
Vds., ellos, ellas	habl*aron*	com*ieron*	viv*ieron*

E. Complete the sentence by adding the correct ending of the preterite tense of the verb.

1. nacer (to be born)   Yo nac_____ en las islas Canarias.

2. vivir (to live)   Ella viv_____ cerca de las palmas.

3. bajar (to go down)   Nosotros baj_____ ayer a la playa.

4. conocer (to know; to meet [= to   Tú conoc_____ a una hermosa canaria.
   make the acquaintance of])

5. respirar (to breathe)   Vosotros respir_____ el aire puro del mar.

6. casarse (to get married)   Ellos se cas_____ en el mes de junio.

7. necesitar (to need)   Usted necesit_____ visitar el bosque.

8. gozar (to enjoy)   Yo goc_____ del aire fresco.

9. llegar (to arrive)   Ustedes lleg_____ tarde a la escuela.

10. salir (to leave, to go out)   Nosotros sal_____ de la clase a las once y
                                          media.

11. recibir (to receive)   Roberto recib_____ una bicicleta de
                                          regalo.

12. comprender (to understand)   Ella comprend_____ las palabras de su
                                          madre.

13. aprisionar (to confine)   La policía aprision_____ al criminal.

14. parecer (to appear)   Esa jaula le parec_____ al canario una
                                          cárcel.

15. tratar (to try)

Los chicos trat_____ de ir al partido de fútbol.

F. Supply the correct form of the preterite tense of the verb.

1. escuchar (to listen)

Yo _____ el canto de los pájaros.

2. cometer (to commit)

Ellos no _____ ningún crimen.

3. recibir (to receive)

Nosotros _____ ayer un regalo.

4. saltar (to jump)

El caballo _____ el obstáculo con facilidad.

5. crecer (to grow)

Las gallinas _____ en ese corral.

6. construir (to build)

Tú _____ tu casa en la meseta.

7. cerrar (to close)

Paco y yo _____ la puerta después de entrar.

8. correr (to run)

Los gatos _____ detrás de la bola.

9. entrar (to enter)

Yo _____ en el coche de Miguel.

10. aprender (to learn)

Ustedes _____ a jugar al tenis.

11. escribir (to write)

Marcos _____ una carta a Marta.

12. caminar (to walk)

La familia _____ por el centro buscando una zapatería.

13. comer (to eat)

Las chicas _____ en ese restaurante.

14. encontrarse (to meet)

María se _____ con Antonio en el campo.

15. volver (to return, to go back)

Vosotros _____ a casa temprano.

G. Crucigrama. The Preterite Tense of Regular Verbs

HORIZONTALES

1. Él y tú (entrar) en el comedor.
6. *ví* (invertido)
8. vocales en *país*
9. Ella (abrir) el libro.
11. contrario de *no*
12. contrario de *buenas*
14. La hermana del lobo es una_ _ _ _ _ _ .
16. Tomás (trabajar) allí.
17. *campo* en inglés
19. Olga Rodríguez (iniciales)
20. Yo (recibir) noticias de mi familia.
23. la primera sílaba de *sótano*
25. nombre de la letra «C»
26. Este paquete lleva tu nombre; es para _ _ _ _ _ .
27. Mi amiga (ganar) el partido.
28. *Bebieron* viene del verbo _ _ _ _ _ _ .
30. Pablo (usar) mi coche. (invertido)
33. «vosotros (gozar)»; dos últimas letras del pretérito
35. Tú no (entender) la lección.
38. contracción de *a + el*
40. Sociedad Anónima (iniciales)
41. Teresa Aguirre (iniciales)
42. Anoche yo no (bajar) de mi cuarto.
43. Elena Cedeño (iniciales)
44. Laura no (cerrar) la ventana.
46. «to go» en español

48. Él (llenar) su plato con arroz.
49. Yo te (esperar) por dos horas.

VERTICALES

1. Tú (crecer) mucho el año pasado. (invertido)
2. pronombre personal
3. Vds. (salir) de la escuela temprano.
4. La hermana de mi madre es mi _ _ _ _ _ _ .
5. cuarto de la casa
6. Yo (abrir) la puerta. (invertido)
7. Tú (viajar) por México el mes pasado.
10. *Roberto* en inglés
13. Sara Torres (iniciales)
15. Yo (comer) bien anoche. (invertido)
18. Yo (preguntar) por ella ayer.
21. nombre de la letra «Q»
22. Vosotros (beber) mucho vino.
24. Juan (correr) por la calle. (invertido)
29. *Estoy* viene del verbo _ _ _ _ _ _ .
31. pronombre reflexivo de *ella*
32. preposición de dos letras (invertido)
34. Ella (hablar) a la clase.
36. forma masculina de *esa*
37. Simón Bolívar (nacer) en Caracas.
39. artículo femenino
45. pronombre reflexivo de *tú*
47. «he» en español (invertido)

Topical Vocabulary

Los animales

animal	verbo que describe su sonido
el **perro** (dog)	ladrar
el **gato** (cat)	maullar
la **vaca** (cow)	mugir
el **toro** (bull)	bramar
la **oveja** (sheep)	balar
el **gallo** (rooster)	cantar
la **gallina** (hen)	cacarear
el **pollito** (chick)	piar
el **caballo** (horse)	relinchar
el **burro** (donkey)	rebuznar
el **lobo** (wolf)	aullar
el **loro** (parrot)	hablar
el **canario** (canary)	cantar
el **león** (lion)	rugir
el **pato** (duck)	parpar
el **puerco** (pig)	gruñir

H. Complete each sentence with a verb in the preterite tense that expresses the typical sound made by the animal.

1. Ayer el perro _____ a las ovejas.

2. Ayer el caballo _____ en el corral.

3. Ayer el lobo _____ en la montaña.

4. Ayer el gallo _____ al amanecer.

5. Ayer el loro _____ inglés y español.

6. Ayer el león _____ en la jaula.

7. Ayer el canario _____ con melodía.

8. Ayer la oveja _____ al pastor en la meseta.

9. Ayer el gato _____ durante la noche.

10. Ayer la gallina _____ en el patio.

I. Crucigrama. Animales y Sonidos

HORIZONTALES

1.   ¿Cuál de los animales ladra?
4.   ¿Cuál de los animales canta?
7.   ¿Qué hace la vaca?
9.   dos primeras vocales en *oveja*
11. femenino de *el*
12. ¿Cuál de los animales brama?
13. ¿Qué hace el lobo?
14. tú (invertido)
15. contracción de *a + el*
16. opuesto de *no*
17. las dos primeras letras de *niños*
18. opuesto de *sí*

VERTICALES

1.   ¿Qué hace el pollito?
2.   extensión de agua que corre al mar
3.   ¿Qué hacen los gatos?
4.   animal felino doméstico
5.   animales que hablan
6.   «I read» en español
8.   ¿Qué animal cacarea?
10. ave acuática (palmípeda)

J. Describe in Spanish the picture on page 54.

K. ¡Vamos a charlar!

You and your classmates will interview a member of your class. Everyone takes turns asking him questions of the type mentioned below. He may answer as many questions as he wishes. If he doesn't want to answer a question, he may exchange roles with his questioner by saying, "Tú vas a contestar"—and repeats the question. The student who had asked it originally must reply, and *he* now becomes the person interviewed by the class.

All questions must use the preterite tense and begin with *Ayer*.

EXAMPLES: Ayer, ¿a qué hora tomaste el almuerzo?
Ayer, ¿fuiste a la escuela?

L. Ask a classmate the following questions. After he answers them, reverse the roles.

1. ¿Dónde naciste?

2. ¿Cómo es tu sala de clase?

3. ¿A qué hora saliste de casa?

4. ¿A qué hora llegaste a la escuela?

5. ¿Escuchaste al profesor (a la profesora) ayer?

6. ¿Pasaste un buen fin de semana?

7. ¿Leíste alguna novela el año pasado? ¿Cómo se llama?

8. ¿Quién escribió en la pizarra?

9. ¿Cuál es tu animal favorito?

10. ¿Tienes un animal en tu casa? ¿Cómo se llama? ¿Qué clase de sonido hace?

Review Quiz: The Preterite Tense

Write the appropriate form of the preterite tense.

1. escuchar: Yo _____ el canario cantar.

2. salir: Usted _____ de casa a las siete.

3. sentarse: Nosotros _____ en la sala de clase.

4. comer: Tú _____ a las siete y cuarto.

5. hablar: Ellos _____ por teléfono.

6. cenar: Vosotros _____ a eso de las siete, ¿verdad?

7. abrir: Ustedes _____ la puerta.

8. conocer: Ellos _____ a los amigos de mi hermano.

9. levantarse: Tú _____ muy temprano.

10. leer: Yo _____ el periódico.

Experiencia Cultural

Pidiendo la dirección

Usted está visitando a Bogotá, en Colombia. Después de ver el Colegio de San Bartolomé, quiere ir a visitar el Museo de Oro. En una calle ve a una vendedora de frutas, y le pregunta si sabe dónde queda el museo. La señora le responde con una sonrisa:[1] «Siga derecho.»[2] Usted le da las gracias y continúa caminando. Después de andar un buen rato,[3] usted todavía no encuentra el museo.

[1] smile
[2] Go straight ahead.
[3] while

Entonces, usted resuelve acercarse a un policía que está en una bocacalle[4] para averiguar la dirección del museo. El agente[5] le dice que está a unas veinte cuadras en dirección *opuesta*.[6] Usted piensa que:

[4] street entrance
[5] policeman
[6] opposite

(seleccione una respuesta)

a. El policía no conoce muy bien a Bogotá.
b. A la vendedora no le gustan los americanos.
c. La vendedora no entendió su español con acento inglés.
d. La vendedora no sabe dónde está el museo, pero, en vez de mostrar su ignorancia, deseó ser cortés indicándole una dirección cualquiera.

Compare su respuesta:

a. Incorrecta: La policía tiene que saber los lugares más importantes de la ciudad.
b. Posible, pero no correcta: La mujer *sonrió*—un gesto amistoso.
c. Incorrecta: La mujer no demostró incomprensión de la pregunta; por eso, mostró una dirección.
d. Correcta: Al igual que otros latinoamericanos, esta mujer no quiere mostrar su ignorancia, y por eso le indicó una dirección cualquiera. De costumbre, los latinoamericanos son muy corteses, y con frecuencia llevan a una persona al lugar que busca, sin importarles el tiempo y la distancia.

Adaptation

Compose a conversation that could have taken place among the tourist, the fruit vendor, and the policeman.

Some expressions you can use in the conversation:

a la derecha, to the right
a la izquierda, to the left
cuadras o **manzanas,** blocks
de nada, you are welcome
dirección equivocada, wrong direction
dirección opuesta, opposite direction
el museo queda, the museum is

lo siento mucho, I am very sorry
¡perdone!, excuse me!
por favor, please
¿puede decirme . . .?, can you tell me . . .?
siga derecho, go straight ahead
¡Vaya con Dios!, farewell

6

NO ERAN DE LA MISMA CLASE

En las mesetas del Perú vivía una hembra[1] hermosa que se llamaba Blanca. Muchos de los machos[2] de esa región querían casarse con ella. Pero a ella le gustaba Andino, que era el superior entre ellos: tenía el pelo castaño y podía subir las montañas cargando pesos[3] sin dificultad.

A veces ella jugaba con Andino y todos los otros amigos y admiradores. Ella veía que Andino era el más fuerte[4] y que tenía excelentes cualidades atléticas. Además, Andino era inteligente, serio, hermoso, y siempre la trataba como a una dama. Por eso, Blanca se enamoró de[5] él.

Una noche los padres de Blanca la llamaron para decirle que Carnero, uno de los pretendientes,[6] quería llevarla a pasear[7] por el campo. Blanca respondió que no quería hacerlo porque a ella sólo le gustaba pasear con Andino.

—Tú no debes andar con Andino —le dijo[8] el padre.

—Él no es del tipo tuyo —agregó[9] la madre.

Desde esa noche Blanca se acostaba triste y pensaba mucho antes de dormirse. Con frecuencia soñaba que veía a Andino cerca del lago Titicaca.

Una mañana, Blanca se sentía muy triste y tenía la cara muy preocupada. La madre, como de costumbre, entró en su cuarto y, viéndola tan triste, le dijo:

—Hija mía, sé que quieres a Andino, y sé también que es muy simpático. Pero hay que hacer frente a[10] la realidad. Las ovejas[11] y las llamas no deben estar siempre juntas. Tú debes andar con uno de tu misma clase.

Pero Blanca le contestó: —Madre, yo conozco nuestras costumbres, pero yo no seré[12] feliz sin él—y comenzó a llorar. Su madre no sabía cómo consolar a su hija.

Al día siguiente, Andino buscó a Blanca por toda la meseta, pero no la vio. Ni tampoco la encontró el resto de la semana, y empezó a echarla de menos.[13] Un amigo suyo le informó que los padres de Blanca no querían verlos siempre juntos.

Desde ese día, Andino pastaba con tristeza cerca del lago Titicaca, esperando encontrarse con Blanca.

Una mañana, Blanca se acercó a él en la meseta, lo miró con alegría y le dijo que sus padres no se oponían más a un cariño tan sincero como el de ellos. No hablaron ni una palabra más, pero eran felices pastando[14] juntos en la meseta peruana.

[1] female
[2] males
[3] carrying loads
[4] the strongest
[5] fell in love with
[6] suitors
[7] take her walking
[8] said
[9] added
[10] one must face
[11] sheep
[12] shall not be
[13] to miss her
[14] grazing

EJERCICIOS

A. Answer each question with a complete Spanish sentence.

1. ¿Dónde vivían Blanca y sus amigos?

    ----

2. ¿Quiénes eran los amigos y pretendientes de Blanca?

    ----

3. ¿Cómo era Andino?

    ----

4. ¿Qué quería Carnero?

    ----

5. ¿Por qué no quería Blanca pasearse con Carnero?

    ----

6. Según los padres de Blanca, ¿por qué no debía ella andar con Andino?

    ----

7. ¿Por qué estaba triste Blanca?

    ----

8. ¿Por qué empezó Andino a echar de menos a Blanca?

    ----

9. ¿Cómo supo Andino que Blanca no podía andar con él?

    ----

10. ¿Por qué cambiaron de parecer los padres de Blanca? (*cambiar de parecer* = to change one's mind)

B. **Preguntas personales**

1. ¿Crees que puedes vivir en las montañas del Perú?

    ----

2. ¿Piensas que hay divisiones de clases sociales en el Perú?

C. Use each expression in a Spanish sentence.

1. el más fuerte _____

2. a pesar de todo _____

3. desde ese día _____

4. debes hacer frente a _____

5. como de costumbre _____

6. se da cuenta de que _____

Grammar: The Imperfect Tense

Regular Verbs

Note that there is no difference between -ER and -IR verb endings.

	mir**ar** to look	com**er** to eat	viv**ir** to live
	I was looking I used to look I looked	I was eating I used to eat I ate	I was living I used to live I lived
yo	mir**aba**	com**ía**	viv**ía**
tú	mir**abas**	com**ías**	viv**ías**
Vd., él, ella	mir**aba**	com**ía**	viv**ía**
nosotros	mir**ábamos**	com**íamos**	viv**íamos**
vosotros	mir**abais**	com**íais**	viv**íais**
Vds., ellos, ellas	mir**aban**	com**ían**	viv**ían**

Irregular Verbs

IR: *iba, ibas, iba, íbamos, ibais, iban*
SER: *era, eras, era, éramos, erais, eran*
VER: *veía, veías, veía, veíamos, veíais, veían*

D. Give the correct form of the imperfect tense of the verb.

1. agregar (to add)

   La madre _____ otras ideas.

2. gustar (to like)

   A Blanca le _____ el más fuerte de todos.

3. proteger (to protect)

   Andino y los amigos _____ a Blanca.

4. jugar (to play)

   Los machos _____ con Blanca en la meseta.

5. enamorarse (to fall in love)

   Blanca cada día _____ más de Andino.

6. pensar (to think)   Al acostarse, ella siempre _____

                               en Andino.

7. soñar (to dream)   Generalmente yo _____

                               que iba al lago Titicaca.

8. acostarse (to go to bed)   Tú siempre _____ tarde.

9. decir (to say)   Los padres le _____ la

                               verdad a Blanca.

10. querer (to want)   Carnero _____ casarse

                               con la hermosa oveja.

11. dormirse (to fall asleep) Nosotros _____ pensando

                               en el viaje al Perú.

12. poder (to be able to)   Andino _____ subir fácil-

                               mente por los Andes.

13. tener (to have)   Vosotros _____ muchas

                               cosas en común.

14. responder (to answer)   Con frecuencia yo _____

                               que sí.

15. vestirse (to get dressed) Tú _____ siempre tem-

                               prano.

E. Give the correct forms of the imperfect tense of the verbs *ser*, *ir* and *ver*.

1. Andino _____ fuerte y hermoso.
   (ser)

2. Los otros machos no _____ inteligentes.
   (ser)

3. Ella y Andino _____ a ser buenos amigos.
   (ir)

4. Nadie _____ al lago temprano.
   (ir)

5. Ella siempre _____ el lago Titicaca en sus sueños.
   (ver)

6. Nosotros _____ a ese parque con frecuencia.
   (ir)

7. Ustedes _____ buenos estudiantes.
   (ser)

8. Tú siempre _____ los Andes en tus sueños.
   (ver)

9. Los chicos _____ felices cuando iban al lago.
   (ser)

10. Yo siempre _____ a mis amigos después de las clases.
    (ver)

F. **¿Que corra la bola!** The class may perform this exercise as follows: A student asks question #1 of a classmate, who answers with sentence *a* ("Yo comía un confite"). The classmate then repeats the question to a third student, who answers with sentence *b* and repeats the question to a fourth student, who replies with sentence *c*, and so on, till all five questions and their sets of answers have been used.

Complete each reply by using the indicated verb:

1. *¿Qué hacía usted?*

    a. comer   _____ un confite.

    b. escribir   _____ una carta.

    c. andar   _____ al centro.

    d. trabajar   _____toda la noche.

2. *¿Qué hacían ellos?*

    a. jugar   _____ un partido de naipes.

    b. poder (to be able to)   _____ nadar en la piscina.

    c. vestirse   _____ temprano.

    d. aprender   _____ la lección.

3. *¿Qué hacía ella?*

    a. tomar   _____ un vaso de agua.

    b. beber   _____ una taza de café.

    c. dar   _____ un libro a Paco.

    d. abrir   _____ la puerta.

4. *¿Qué hacías tú?*

    a. estudiar   _____ un poco.

    b. resolver   _____ el problema.

    c. agregar   _____ unas palabras.

    d. dormirse   _____ tarde.

5. *¿Qué hacían ustedes?*

    a. ir   _____ a la playa.

    b. ver   _____ el lago Titicaca.

    c. estar   _____ comiendo.

    d. tomar   _____ una taza de té.

Geografía

Sudamérica a primera vista

el **Aconcagua**, el pico más alto de la América del Sur. Está situado en la Argentina.

los **Andes,** cadena de montañas en el oeste que cruza el continente de norte a sur.

Asunción, capital del Paraguay, país que produce la *yerba mate,* el famoso té usado allí y en otros países.

Bogotá, capital de Colombia. Este país produce mucho café y esmeraldas.

Simón Bolívar, llamado «el Libertador» a causa del papel importante que hizo en la liberación de muchos países de la dominación de España. Nació en Venezuela.

Buenos Aires, capital de la Argentina; llamada «el París de América».

Caracas, capital de Venezuela. Este país produce mucho petróleo.

Cotopaxi, famoso volcán que está en el Ecuador.

el **Cuzco,** antigua capital del imperio de los incas.

el **gaucho,** el vaquero que vive en la pampa.

el **Iguazú,** famosa catarata que está entre la Argentina y el Brasil.

los **incas,** indios que fundaron un gran imperio que se extendía sobre una región que hoy día incluye los territorios del Ecuador, el Perú y Bolivia.

La Paz, capital de Bolivia. Es la capital más alto del mundo.

Lima, capital del Perú. En esta ciudad está la Universidad de San Marcos—la universidad más antigua del continente.

Montevideo, capital del Uruguay. Éste es el país hispano más pequeño de la América del Sur.

la **pampa,** famosas llanuras de la Argentina donde hay grandes rebaños de ganado.

Quito, capital del Ecuador. Allí está un monumento a la línea ecuatorial. Produce los sombreros de jipijapa.

San Martín, héroe nacional de la Argentina. Liberó el país de la dominación española.

Santiago, capital de Chile, un país muy largo y muy angosto.

Titicaca, lago navegable más alto del mundo. Está entre Bolivia y el Perú.

G. *Matching Test.* For each description on the left, write the letter of the item on the right to which it refers.

_____	1.	famosa catarata	*a.*	Montevideo
_____	2.	héroe nacional de la Argentina	*b.*	Simón Bolívar
_____	3.	la capital más alta del mundo	*c.*	el gaucho
_____	4.	cadena de montañas	*d.*	el Iguazú
_____	5.	"el Libertador"	*e.*	La Paz
_____	6.	capital de Venezuela	*f.*	los Andes
_____	7.	el *cowboy* argentino	*g.*	Aconcagua
_____	8.	antigua capital de los incas	*h.*	Caracas
_____	9.	capital del Uruguay	*i.*	San Martín
_____	10.	la montaña más alta de Sudamérica	*j.*	el Cuzco

H. **Buscapalabras.** In the block of letters, find the names of 10 cities that appear in the map on page 69. The words run in all directions: forward, backward, up, down, and diagonally. After you have circled all the words, copy the unused letters: they will spell out, in *English,* an important question.

```
O  E  D  I  V  E  T  N  O  M
G  T  C  A  A  N  A  Y  O  Z
A  M  I  L  U  T  B  F  I  A
I  N  D  U  T  H  O  E  T  P
T  E  N  C  Q  I  D  G  T  A
N  I  E  S  O  N  R  T  O  L
A  S  U  N  C  I  O  N  H  B
S  A  C  A  R  A  C  E  M  A
L  I  U  Q  A  Y  A  U  G  P
```

I. In the following dialogue, play the role of Manuel.

    Rosita y Manuel están en el puerto de Puno, en el Perú. El puerto está situado en la orilla del lago Titicaca. Mientras esperan el barco, los dos amigos conversan.

ROSITA: ¡Qué hermoso es el lago Titicaca!

MANUEL: _____

ROSITA: El barco que viene es muy grande, ¿verdad?

MANUEL: _____

ROSITA: Manuel, ¿sabes que ese barco fue construido (*was built*) en Inglaterra y traído aquí en secciones?

MANUEL: _____

ROSITA: ¿Quién sabe cuántas horas dura el viaje hasta Guaquí?*

MANUEL: _____

ROSITA: Vamos a subir a bordo.

MANUEL: _____

*port on the Bolivian shore of Lake Titicaca

J. Describe the picture on page 64 in Spanish.

    _____

    _____

    _____

K. Fill the blanks with the appropriate forms of the imperfect tense of the indicated verbs.

	entrar	*ir*	*tener*	*poder*
yo	_____	_____	_____	_____
nosotros	_____	_____	_____	_____
Juan y Carlos	_____	_____	_____	_____
tú	_____	_____	_____	_____
usted	_____	_____	_____	_____

L.   ¡Vamos a charlar!

You and your classmates will interview a member of your class. Everyone takes turns asking him questions about his childhood. He may answer as many questions as he wishes. If he doesn't want to answer a question, he may exchange roles with his questioner by saying, "Tú vas a contestar"—and repeats the question. The student who had originally asked it must reply, and *he* now becomes the person interviewed by the class.

Begin all questions with: «*Cuando eras niño(-a), ¿. . .?*»

EXAMPLES: Cuando eras niño(-a), ¿jugabas mucho?

Cuando eras niño(-a), ¿te gustaba comer espinacas?

Review Quiz: The Imperfect Tense

(1)   Complete each sentence by writing the correct form of the imperfect tense of the verb in parentheses.

1. (poder)   Ella _____ estudiar la historia.

2. (ir)   Yo _____ al parque.

3. (jugar)   Vosotros _____ al jai-alai.

4. (gustar)   Nos _____ ir a Buenos Aires.

5. (ser)   Él _____ simpático.

6. (vestirse)   Tú _____ con elegancia.

7. (tener)   Ellos _____ los ojos pardos.

8. (querer)   Usted _____ ver el Cuzco.

9. (pensar)   Nosotros _____ ir a nadar en la piscina.

10. (ver)   Ustedes siempre _____ los Andes.

11. (ser)   Vosotras _____ muy jóvenes en aquellos tiempos.

12. (irse)   ¿Por qué _____ ustedes tan temprano?

13. (llamar)   Rosita y yo _____ a Manuel.

14. (leer)   Tú _____ un libro sobre Bolivia.

15. (ver)   Nosotras _____ todos los días a nuestras amigas.

(2)   Underline the word that does not belong in the group.

1. *a.* Aconcagua   *b.* Cotopaxi   *c.* Los Andes   *d.* Quito
2. *a.* Asunción   *b.* San Martín   *c.* Caracas   *d.* Lima
3. *a.* Titicaca   *b.* El Cuzco   *c.* Incas   *d.* Bogotá
4. *a.* Gaucho   *b.* Simón Bolívar *c.* San Martín   *d.* Santiago de Chile
5. *a.* Chile   *b.* el Ecuador   *c.* el Uruguay   *d.* La Paz

Experiencia Cultural

Una cita

Mark, an American exchange student, attends classes at a school in León, Nicaragua. A month after his arrival in León, he makes a date with Beatriz, a Nicaraguan classmate, to take her to the movies. She gladly accepts his invitation but refuses to give him her home address; she says she will meet him at the movie theater. When he arrives there, he finds her accompanied by her little sister. After the movie, Mark insists on walking the girls home, but Beatriz does not allow him to do so. Puzzled, Mark discusses the incident with his Nicaraguan friend José.

MARK: José, tengo un problema.

JOSÉ: ¿Qué te pasa?

MARK: Soy un buen amigo de Beatriz y la llevé al cine anoche. Después de la película, yo quería acompañarla a casa, pero ella no me lo permitió.

JOSÉ: Lo siento, Marcos. Pero debes comprender que eres sólo un conocido de ella y no un buen amigo.

MARK: Pero ella siempre me ayuda en la clase con las tareas.

JOSÉ: Eso significa que ella es muy atenta y una buena compañera. Fuera de la escuela es diferente.

MARK: No comprendo. ¿Cuál es la diferencia?

JOSÉ: Ella tiene que proteger su buena reputación. La gente murmura, y tú eres un extranjero en el pueblo.

MARK: Entonces, ¿cuándo puede un muchacho acompañar a una chica?

JOSÉ: Solamente un amigo íntimo o el novio puede acompañar a una muchacha a su casa.

MARK: Gracias, ahora comprendo el comportamiento de Beatriz.

(*Note*. In many parts of the Spanish-speaking world—especially in the large cities—the "dating" customs are similar to ours: unmarried young men and women can go out together without a chaperone to supervise their conduct. In many villages and small towns, however, the older restrictions still prevail.)

Adaptation

Play the role of Mark and Beatriz and develop a Spanish conversation in which Mark asks Beatriz to go to the movies. She accepts the invitation but takes her little sister along and will meet him at the movie house.

Some expressions you can use in the conversation:

acompañar, to accompany	**hacer una cita,** to make a "date"
¿a qué hora?, at what time?	**hermana,** sister
conmigo, with me	**ir al cine,** to go to the movies
¿dónde vives?, where do you live?	**lo siento,** I am sorry
empezar, to begin	**me gusta(n),** I like
encontrarse, to meet	**película,** film, movie
es costumbre, it's customary	**querer,** to want, to wish

7

LA SUERTE DE UN ÁRBOL

Había una vez un árbol en el jardín de una casa grande en las afueras[1] de Barcelona. Lo trajo a ese lugar el dueño de esta casa— una casa que fue la primera construida en el barrio. El árbol fue también el primero allí plantado. Era muy joven: tenía apenas cinco pies de altura. Las flores que sembraron a su alrededor y al frente de la casa eran sus compañeras. Poco a poco crecía y, al fin, se hizo[2] fuerte, duro y vigoroso. Desde su lugar, podía ver a lo lejos[3] los techos y ventanas de las casas de la ciudad. Tenía buenos ratos cuando hacía buen tiempo y podía mirar a los hijos del dueño mientras jugaban en sus ramas,[4] o cuando la familia entera se sentaba debajo de sus ramas buscando sombra. Tenía también malos momentos cuando había fuertes vientos, o cuando había mucho sol y la tierra se secaba. Pero la señora de la casa, al regar las flores, le daba agua.

Podía ver plantar otros árboles en la calle del barrio y así los vio crecer. Vio otras casas construirse en los alrededores. Se sentía feliz al ver que los hombres comprendían la importancia de los árboles, porque los árboles dan oxígeno, purifican el aire y dan sombra fresca cuando hace calor. Además, unos árboles dan frutas, otros dan madera para los muebles[5] y para hacer las casas.

Los años pasaron y el árbol se puso[6] viejo. El frío, la lluvia y el viento lo molestaban. Estaba débil y tenía unas ramas secas. Tenía miedo[7] de su suerte. Una noche hubo una tempestad. El viento era muy fuerte y rompió unas ramas. Se oyó un ruido[8] como un grito espantoso,[9] y las ramas cayeron sobre la tierra. ¡Qué triste se puso! Por fin se dio cuenta de que iba a morir. Al día siguiente, el dueño, al ver lo feo que estaba el árbol, mandó cortarlo. En su lugar pusieron otro arbolito.

Allí en el suelo vino a su mente toda la historia de su vida. Se dio cuenta de que, cuando era fuerte y robusto, todos lo admiraban y lo consideraban parte de la casa y de la familia; pero ahora nadie lo quería.

Una familia pobre que vivía un poco cerca hizo del árbol leña.[10] Ahora cuando hace frío trae a esta familia calor, y la mujer prepara las comidas en su fogón de leña.[11] Nosotras, las llamas y chispas[12] que consumimos este árbol, contamos su historia. Queremos hacer comprender que un árbol, aunque muerto, es útil.

[1] outskirts

[2] it became
[3] in the distance

[4] branches

[5] furniture
[6] became

[7] He was afraid
[8] noise
[9] terrifying

[10] firewood

[11] kitchen range
[12] flames and sparks

EJERCICIOS

A. Choose the correct answer or the best way to complete the sentence.

1. ¿Cuántos árboles tenía la casa?
   - *a.* un jardín de árboles
   - *c.* solamente uno
   - *b.* un jardín de flores
   - *d.* muchos árboles frutales

2. Desde su sitio, ¿qué veía el árbol?
   - *a.* los otros árboles de la casa
   - *c.* el mar y la playa
   - *b.* la ciudad con sus casas
   - *d.* que era joven y robusto

3. ¿Cuándo tenía buenos momentos?
   - *a.* cuando llovía mucho y hacía viento
   - *c.* cuando se le rompían unas ramas
   - *b.* cuando veía construirse otras casas
   - *d.* cuando los hijos de la familia jugaban con él

4. El árbol tenía malos ratos
   - *a.* durante un otoño
   - *c.* durante una primavera
   - *b.* cuando hacía mal tiempo
   - *d.* todo el tiempo

5. El árbol se sintió feliz cuando
   - *a.* la señora le echó agua
   - *c.* lo cortaron para hacer leña
   - *b.* vio que el árbol crecía
   - *d.* vio que los hombres comprendían su importancia

6. ¿Qué le sucedió al árbol el día después de una tormenta?
   - *a.* Lo mandaron cortar.
   - *c.* Oyó un ruido feo.
   - *b.* Se puso viejo.
   - *d.* Tuvo miedo.

7. El árbol en el suelo comprendió que
   - *a.* los árboles no sirven (trees aren't good for anything)
   - *c.* ya no lo quería nadie
   - *b.* la familia pobre lo necesitaba
   - *d.* los feos no sirven

8. ¿Quiénes están contando la historia del árbol?
   - *a.* la familia pobre
   - *c.* el viento
   - *b.* la lluvia
   - *d.* el fuego

B. Preguntas personales

1. Según tu opinión, ¿cuál es la importancia del árbol?

   _____

2. ¿Para qué usa tu familia los árboles en tu casa?

   _____

C. Use each expression in a Spanish sentence.

1. en las afueras _____

2. tuvo buenos ratos _____

3. en los alrededores _____

4. se puso viejo _____

5. tuvo miedo de _____

6. al día siguiente _____

D. Continue the pattern suggested by the following Spanish and English words.

1. impor*tancia*   impor*tance*

   ambulancia   ambulance

   --------------------   --------------------

   --------------------   --------------------

   --------------------   --------------------

2. evid*encia*   evid*ence*

   insistencia   insistence

   --------------------   --------------------

   --------------------   --------------------

3. emerg*encia*   emerg*ency*

   urgencia   urgency

   --------------------   --------------------

   --------------------   --------------------

   --------------------   --------------------

Grammar: Irregular Verbs in the Preterite Tense

Stem-Changing Verbs

When some -IR verbs are conjugated in the preterite, the stem vowel of the infinitive changes as follows:

$$
\left. \begin{array}{l} e \longrightarrow i \\ o \longrightarrow u \end{array} \right\} \text{ in the 3rd person singular and plural}
$$

	pedir	**sentir**	**dormir**
Vd., él, ella	p*i*dió	s*i*ntió	d*u*rmió
Vds. ellos, -as	p*i*dieron	s*i*ntieron	d*u*rmieron

Verbs in which the 3rd person preterite endings change as follows:

-ió ⟶ -yó   -ieron ⟶ -yeron

caer:	ca*í*, ca*í*ste, ca*y*ó, ca*í*mos, ca*í*steis, ca*y*eron
creer:	cre*í*, cre*í*ste, cre*y*ó, cre*í*mos, cre*í*steis, cre*y*eron
leer:	le*í*, le*í*ste, le*y*ó, le*í*mos, le*í*steis, le*y*eron
oír:	o*í*, o*í*ste, o*y*ó, o*í*mos, o*í*steis, o*y*eron

Other Irregular Verbs

andar:	*anduve, anduviste, anduvo, anduvimos, anduvisteis, anduvieron*
conducir:	*conduje, condujiste, condujo, condujimos, condujisteis, condujeron*
dar:	*di, diste, dio, dimos, disteis, dieron*
decir:	*dije, dijiste, dijo, dijimos, dijisteis, dijeron*
estar:	*estuve, estuviste, estuvo, estuvimos, estuvisteis, estuvieron*
haber:	*hube, hubiste, hubo, hubimos, hubisteis, hubieron*
hacer:	*hice, hiciste, hizo, hicimos, hicisteis, hicieron*
ir ⎫ ser ⎭	*fui, fuiste, fue, fuimos, fuisteis, fueron*
*poder:	*pude, pudiste, pudo, pudimos, pudisteis, pudieron*
poner:	*puse, pusiste, puso, pusimos, pusisteis, pusieron*
*querer:	*quise, quisiste, quiso, quisimos, quisisteis, quisieron*
*saber:	*supe, supiste, supo, supimos, supisteis, supieron*
tener:	*tuve, tuviste, tuvo, tuvimos, tuvisteis, tuvieron*
traer:	*traje, trajiste, trajo, trajimos, trajisteis, trajeron*
venir:	*vine, viniste, vino, vinimos, vinisteis, vinieron*

The preterite tense of **ver** is regular except that the accent marks are usually omitted: *vi, viste, vio, vimos, visteis, vieron.*

E. Complete the sentence by writing the appropriate form of the preterite tense of the verb.

1. *pedir*, to ask for; to order (in a restaurant)

   Yo _____ arroz con pollo y María _____ la paella.

2. *dormir*, to sleep

   Nosotros _____ en nuestra alcoba y los niños _____
   en la suya.

3. *sentirse*, to feel

   Anita se quedó en casa ayer porque no _____ bien.

4. *dormirse*, to fall asleep

   Yo _____ a las once pero ellos _____ a las diez.

*In the preterite tense, the verbs **poder, querer,** and **saber** have special meanings:

> pude = I managed (to do something)
>
> quise = I tried; **no quise** = I refused
>
> supe = I found out (about), I learned (of)

For the Spanish equivalents of "I could (was able)," "I wanted," "I knew," the imperfect tense is generally used.

5. *morirse*, to die

El viejo _____ anoche.

F. Write the appropriate form of the preterite tense of the verb.

1. *hacer*, to do, to make

Yo _____ los muebles de la sala.

2. *decir*, to say, to tell

Usted _____ que iba a venir.

3. *dar*, to give

Paco y yo _____ la leña a una familia pobre.

4. *poner*, to put

Teresa _____ el libro sobre la mesa.

5. *poder*, to be able; PRETERITE: managed (to)

Paco y María _____ subir la escalera.

6. *ser*, to be

Tú _____ un árbol vigoroso.

7. *traer*, to bring

Yo _____ la leña.

8. *conducir*, to drive

Él _____ con cuidado.

9. *ver*, to see

Usted _____ la casa de mi amigo.

10. *andar*, to walk, to go

Nosotros _____ por el jardín.

11. *detener*, to stop

Juan y Paco _____ el coche.

12. *tener*, to have

Yo _____ que ir al centro.

13. *estar*, to be

Tú no _____ en la cárcel.

14. *caerse*, to fall down

    El árbol _____ sobre la tierra.

15. *creer*, to believe

    María y Paco _____ a Teresa.

16. *saber*, to know; PRETERITE: found out, learned

    —Yo _____ eso ayer— dijo María.

17. *querer*, to wish, to want; PRETERITE: tried (to)

    Ellas _____ salir temprano.

18. *venir*, to come

    Juan y yo _____ a eso de las ocho.

19. *oír*, to hear

    Juan y Alberto _____ un ruido.

20. *pedir*, to ask for, to request

    Tú _____ un favor.

G. Change each sentence from the present tense to the preterite.

1. Yo pongo el vaso en la mesa. _____

2. Juana tiene que regar las flores. _____

3. El árbol cae al suelo. _____

4. Todos quieren ver la película. _____

5. Los chicos pueden sentarse en el comedor. _____

    _____

6. Hace mal tiempo. _____

7. Digo la verdad. _____

8. Adela sabe que ellos no vienen hoy. _____

    _____

9. Ustedes ponen la leña en el fuego. _____

10. Andamos despacio. _____

11. Oigo el ruido del viento. _____

12. Los árboles dan sombra. _____

13. Voy a casa a las cinco. _____

14. Veo a los niños jugar en la sala. _____

15. Tú pides un café negro. _____

H. ¡Que corra la bola! The class may perform this exercise as follows: A student asks question #1 of a classmate, who answers with sentence *a* ("Hice la cama"). The classmate then repeats the question to a third student, who answers with sentence *b* and repeats the question to a fourth student, who replies with sentence *c*, and so on, till all five questions and their sets of answers have been used.

Complete each reply by using the indicated verb:

1. *¿Qué hizo usted?*

    a. hacer   ––––––––––––––– la cama.

    b. dar   ––––––––––––––– los libros a la biblioteca.

    c. poner   ––––––––––––––– las flores en la mesa.

    d. venir   ––––––––––––––– en coche a las siete.

2. *¿Qué hicieron ustedes?*

    a. traer   ––––––––––––––– la leña al vecino.

    b. andar   ––––––––––––––– hasta la casa.

    c. oír   ––––––––––––––– la radio.

    d. querer   ––––––––––––––– ir en coche a la playa.

3. *¿Qué hiciste tú?*

    a. bajar   ––––––––––––––– las escaleras corriendo.

    b. casarse   ––––––––––––––– con la hermana (con el hermano) de Ramón.

    c. salir   ––––––––––––––– a eso de las ocho.

    d. comer   ––––––––––––––– en la casa de Rafael.

4. *¿Qué hizo Linda?*

    a. creer   No hizo nada porque ––––––––––––––– que no había nada que hacer.

    b. tener   ––––––––––––––– que ir al lago en coche.

    c. pedir   ––––––––––––––– un vaso de agua.

    d. estar   No hizo nada; ––––––––––––––– sentada en el jardín toda la tarde.

5. *¿Qué hicieron Patricia y Mercedes?*

    a. gozar   ––––––––––––––– de la paz del bosque.

    b. encontrarse   ––––––––––––––– con el profesor de español.

    c. correr   ––––––––––––––– en el patio de la casa.

    d. escribir   ––––––––––––––– una carta a su madre.

I. Fill each row with the letters that spell the corresponding preterite form of the verb.

1.	doy	5.	trae	9.	compone
2.	veo	6.	conduzco	10.	vienes
3.	pone	7.	sabemos	11.	dice
4.	hace	8.	tienes	12.	oigo

Topical Vocabulary

La casa y los muebles

la **acera**, sidewalk
el **árbol**, tree
la **calle**, street
el **césped**, lawn
la **chimenea**, chimney
la **flor**, flower
el **garaje**, garage
el **jardín**, garden
el **patio**, patio

el **apartamento**, apartment
el **piso**, floor, story

la **pared**, wall
la **puerta**, door
el **suelo**, floor
el **techo**, roof, ceiling
la **ventana**, window

la **alcoba**
el **dormitorio** } bedroom
la **recámara** (Mexico) }
la **cocina**, kitchen
el **comedor**, dining room
el **cuarto** } room
la **habitación** }
el **cuarto de baño**, bathroom
la **sala**, living room

la **alfombra**, rug, carpet
el **armario** } closet
el **ropero** }
la **butaca**, armchair
la **cama**, bed
la **cortina**, curtain
el **escritorio**, desk
la **lámpara**, lamp
el **lavabo**, washbasin; lavatory

el **desván**, attic
la **escalera**, stairs
el **sótano**, basement

la **mesa**, table
la **silla**, chair
el **sofá**, sofa

la **estufa**, stove
la **lavadora**, washing machine
la **máquina de lavar platos**, dishwasher
la **secadora**, dryer

el **piano**, piano
el (la) **radio**, radio
el **televisor**, television set
el **tocadiscos**, record player

J. Complete the following sentences by using appropriate words taken from the list, "La casa y los muebles."

Juan y sus amigos van a la casa de Miguel.

1. Tres muebles que ven en la cocina son _____.

2. Los muebles que ven en la sala son _____.

3. En el patio admiran _____.

4. En el comedor hay _____.

5. En el sótano hay _____.

6. Miguel va al _____ para lavarse las manos.

7. Todos comen en _____.

8. Después de la comida, unos se sientan en _____ para charlar.

9. Unos miran _____.

10. Otros escuchan _____.

K. Tú y yo

Your teacher will divide the class into groups of two, so that each student is paired with a classmate. Every student asks his partner, "¿Qué hiciste ayer?," repeating the question six times. The partner must give a different answer each time. Then the roles are reversed.

L. In the following dialogue, play the role of Antonio.

Berta y Antonio visitan a su amiga Gloria Rodríguez. Después de la visita, los dos hablan de la casa y de los muebles de la familia Rodríguez.

BERTA: ¿Qué me dijiste del comedor de la casa de Gloria?

ANTONIO: _____

BERTA: Sí, pero la sala es grande y los muebles hermosos.

ANTONIO: _____

BERTA: ¿Viste el color de las paredes de la cocina?

ANTONIO: _____

BERTA: ¿Oíste lo que dijo el papá de las flores del jardín?

ANTONIO: _____

BERTA: Yo creí que el árbol del frente de la casa era un álamo[1]   [1] elm
        pero el hermano de Gloria me dijo que era un arce.[2]   [2] maple

ANTONIO: _____

Review Quiz: **Irregular Verbs in the Preterite Tense**

(1) Change the following sentences from the present to the preterite.

   1. El árbol cae sobre la tierra. _____

   2. Ellos oyen un ruido espantoso. _____

   3. El árbol se pone viejo. _____

   4. Quiero ir a la sala. _____

   5. Puedo mirar la televisión. _____

(2) Complete each sentence with an appropriate word or expression.

   1. Me senté en una _____ .

   2. Miré la televisión en _____ .

   3. Hubo muchas flores en un _____ .

   4. Me acosté en _____ .

   5. Tuve que lavarme en _____ .

(3) Describe in Spanish the picture on page 74.

   _____

   _____

   _____

Experiencia Cultural

Un regalo para una dama enferma

MINI-DRAMA

CHARACTERS: *Patricia and Carol*, American students in Spain; they attend the University of
            Salamanca and are boarders of doña Teresa.

   Doña Teresa, their landlady

   Señora Fernández, a neighbor

SCENE 1: IN THE HOSPITAL

Patricia and Carol visit doña Teresa, who is ill in the hospital.

PATRICIA: Buenos días, doña Teresa.

DOÑA TERESA: Buenos días, me alegro de verlas.

CAROL: ¿Cómo se siente usted hoy?

DOÑA TERESA: Hoy me siento mejor, pero ayer me sentía muy mal.

PATRICIA: Le hemos traído[1] unas flores.　　　　　　　　　　　[1] We have brought you

DOÑA TERESA: Ustedes son muy amables. Muchas gracias. (*Mira las
flores y de pronto se pone pálida.*[2])　　　　　　　　　　　[2] becomes pale

PATRICIA: Doña Teresa, ¿qué le pasa? ¿Se siente mal otra vez?

CAROL: Es mejor irnos. Usted debe descansar. Hasta mañana. Que
se mejore.

DOÑA TERESA: Gracias; adiós.

SCENE 2: IN SEÑORA FERNÁNDEZ'S APARTMENT

Patricia and Carol speak to señora Fernández about doña Teresa's health.

SEÑORA FERNÁNDEZ: Buenos días, chicas, ¿qué tal? ¿Cómo están?

PATRICIA: Estamos bien, gracias.

SEÑORA FERNÁNDEZ: ¿Cómo está doña Teresa?

CAROL: Fuimos a visitarla al hospital y nos dijo que se sentía mejor.

PATRICIA: Le llevamos unos crisantemos[3] y de pronto se sintió mal.　　[3] chrysanthemums

SEÑORA FERNÁNDEZ (*horrorizada*[4]): ¡Crisantemos!　　　　　　[4] horrified

PATRICIA Y CAROL (*se miran una a otra con estupor*): ¿Qué pasa,
señora Fernández?

SEÑORA FERNÁNDEZ: Chicas, aquí los crisantemos son símbolos de la
muerte. Se llevan solamente a las casas funerarias[5] y a los　　[5] funeral homes (parlors)
cementerios.

Adaptation

Prepare a conversation about the following situation:

Two young American ladies in Madrid have been invited to dinner at the home of a Spanish
couple, and they decide to bring some flowers to their hosts. They go to a flower shop in the
Puerta del Sol to buy some chrysanthemums. When the florist hears that they intend to give the
flowers to their hosts, he urges them to choose another kind, since chrysanthemums are used
only at funerals and in cemeteries.

Some expressions you can use in the conversation:

¿Cuánto cuestan?, How much do they cost?
¿En qué puedo servirle?, What can I do for
　you?
flores para los muertos, flowers for the dead
la cena, dinner
¿Quién ha muerto?, Who has died?
florista, florist
florería, flower shop

una corona, a wreath
un ramillete, a bouquet
mi sentido pésame, (may I offer) my
　sympathy
¿Qué sugiere usted?, What would you
　suggest?
rosas, roses
claveles, carnations

8

LA CANCHA DEL BARRIO

En uno de los barrios hispanos de Nueva York había una cancha[1] abandonada. La cancha estaba cerrada al público porque iban a construir un edificio allí. Por eso, los chicos del barrio se vieron obligados a jugar en la calle. Los padres de ellos se quejaban a diario,[2] ya que esto era peligroso a causa del tránsito.[3]

Una mañana, algunos muchachos que jugaban en la calle vieron venir tres grandes camiones que traían equipo pesado.[4] También los vio venir el viejo padre Menéndez, sacerdote[5] del barrio, quien estaba mirando los juegos de los chicos desde la acera.[6] Los muchachos dejaron de[7] jugar para mirar los camiones. Todos pensaron, «Este es el fin de la cancha», y se pusieron tristes.

El padre Menéndez, que conocía bien la historia del barrio, también se puso triste. Sabía que muchas generaciones de chicos habían jugado[8] en aquella cancha: chicos de caras alegres que practicaban sus deportes con entusiasmo y que llenaban todo el barrio con el ruido de sus gritos. La cancha había hecho un papel importante[9] en el desarrollo social y físico de esos muchachos.

Los camiones pararon al lado de la cancha y algunos obreros[10] bajaron de ellos. Luego empezaron a bajar la maquinaria[11] que los camiones llevaban.

De pronto los obreros vieron venir a un grupo de vecinos del barrio—madres y niños, viejos y jóvenes—que llevaban cartelones[12] y daban gritos. Ellos se interpusieron entre la cancha y la maquinaria.

Ante este problema, el capataz[13] de los obreros se fue en seguida para llamar a la policía, y pronto llegaron varios coches patrulla.[14] Los policías bajaron rápidamente de los coches y corrieron hacia el grupo de manifestantes.[15] El capitán de policía, Raúl García, miró los cartelones y notó que estaban escritos en español y en inglés. Declaraban: «¡Hay que salvar la cancha para los borinqueños!»[16] «Nuestros niños necesitan jugar sin peligro», «¡Queremos hablar con el alcalde!» «Justicia para los borinqueños», «¡Abajo[17] la discriminación!»

El capitán García miró la cancha y a los niños. De inmediato recordó su niñez, su llegada a Nueva York de Puerto Rico, los problemas que había tenido con el idioma inglés y sus esfuerzos[18] para adaptarse a su nueva vida. Fue aquí en este barrio donde había empezado a planear un futuro mejor y aprender el inglés. Fue aquí también donde sus amigos borinqueños habían hablado de sus esperanzas,[19] temores[20] y ambiciones. Muchos de ellos tenían ahora buenos empleos. El capitán se preguntó: «¿Por qué

[1] field, playground
[2] daily
[3] traffic
[4] heavy equipment
[5] priest
[6] sidewalk
[7] stopped
[8] had played
[9] had played an important role
[10] workers
[11] machinery
[12] posters
[13] foreman
[14] patrol cars
[15] demonstrators
[16] Puerto Ricans
[17] Down with
[18] efforts
[19] hopes
[20] fears

87

hay que destruir este centro deportivo que es tan útil para los puertorriqueños?» Sin pensarlo más, decidió dar un telefonazo[21] al alcalde. Le explicó el problema y, con asombro, oyó de los labios del alcalde que él vendría en persona a hablar con los manifestantes.

[21] to make a 'phone call

Media hora más tarde, llegó el alcalde acompañado de unos miembros de la prensa.[22] La gente del barrio le explicó el problema al alcalde, y luego éste lo discutió con el capitán. Entonces, el alcalde dijo:

[22] press

—La cancha pertenece[23] a los chicos del barrio. ¡Vamos a abrirla otra vez!

[23] belongs

Luego se dirigió al público y le prometió conservar la cancha para el uso de los borinqueños y de los demás chicos del barrio.

El padre Menéndez se sintió feliz; ¡la cancha iba a ser otra vez importante en la vida del barrio!

EJERCICIOS

A. Answer each question with a complete Spanish sentence.

1. ¿Dónde estaba la cancha?

    _____

2. ¿Cómo estaba la cancha? ¿Por qué?

    _____

3. ¿Qué hacían los muchachos cuando vieron venir los camiones?

    _____

4. ¿Por qué se puso triste el padre Menéndez?

    _____

5. ¿Quiénes vinieron a salvar la cancha?

    _____

6. ¿A quién llamó el capataz?

    _____

7. ¿Qué decían los cartelones?

    _____

8. ¿En qué llegó la policía?

    _____

9. ¿Qué recordó el capitán de policía al ver a los niños?

    _____

10. ¿Con quién decidió hablar el capitán?

    _____

11. ¿Quiénes llegaron con el alcalde?

_____

12. ¿Quiénes le explicaron el problema al alcalde?

_____

13. ¿Qué ordenó el alcalde hacer?

_____

14. ¿Por qué se sintió feliz el padre Menéndez?

_____

B. Preguntas personales

1. ¿Qué deportes practicas con más frecuencia?

_____

2. ¿Por qué es importante practicar los deportes regularmente?

_____

3. ¿Te gusta jugar con tus amigos en la cancha de tu barrio?

_____

C. Use each expression in a Spanish sentence.

1. se puso triste _____

2. se alegró de _____

3. de inmediato _____

4. muchos de ellos _____

5. hace un papel _____

6. se quejaban a diario _____

Grammar: The Preterite Tense of -CAR, -GAR, and -ZAR Verbs

Verbs ending in *-CAR*, *-GAR*, and *-ZAR* have the following spelling changes in the preterite:

c to *qu*	
g to *gu*	before the letter e
z to *c*	

D. Write the appropriate forms of the preterite tense.

1. acercarse (to approach)   Yo me _____ al profesor.

2. buscar (to look for)   Tú _____ una palabra en el diccionario.

3. explicar (to explain)   El profesor _____ la lección de español.

4. practicar (to practice)   Usted _____ al tenis ayer.

5. tocar (to play)   Ayer yo _____ el piano.

6. jugar (to play)   Ayer Esteban _____ al béisbol.

7. entregar (to deliver, to hand [over])   Juan le _____ el libro.

8. llegar (to arrive)   Yo _____ a la escuela a las ocho.

9. pagar (to pay)   Nosotros _____ la cuenta.

10. colgar (to hang)   Yo _____ mi abrigo en el armario.

11. almorzar (to lunch)   Vosotros _____ a buena hora.

12. empezar (to begin)   Los muchachos _____ a jugar en el parque.

13. comenzar (to begin)   Yo _____ a tocar la guitarra.

14. cruzar (to cross)   Teresa _____ la calle.

15. gozar (to enjoy)   Yo _____ del partido de fútbol.

E. Crucigrama. The Preterite Tense of -CAR, -GAR, and -ZAR Verbs

HORIZONTALES	VERTICALES

HORIZONTALES

2. Nosotros (comenzar) a jugar.
8. Yo (entrar) ayer en la biblioteca.
10. contracción de *de + el*
12. Yo (buscar) a mi tío.
15. Yo (almorzar) en mi casa.
17. Ella (entregar) el dinero ayer.
19. *Entregué* viene del verbo _ _ _ _ _ _ .
20. Yo (comenzar) a jugar a las 7.
24. Yo (pagar) la cuenta. (invertido)
27. vocales de la palabra *usé* (invertido)
28. forma posesiva del pronombre *tú*
30. Rosita ya (comenzar) a ir a la escuela.
31. Organización de Caridad (iniciales)
33. la tercera sílaba de la palabra *perezoso*
34. nombre de la letra «P»
35. Él (buscar) el libro de español. (*present tense*)
36. la primera sílaba de *sólo* (invertido)
37. *Jugué* viene del verbo _ _ _ _ _ _ .
39. *soy* en inglés
40. Yo (practicar) en el gimnasio anoche.
41. artículo femenino singular

VERTICALES

1. terminación de *beben*
2. consonantes en la palabra *creo*
3. vocales en la palabra *tomé*
4. Nosotros (acercarse) al museo.
5. contrario de *allá*
6. nota musical (invertida)
7. pronombre reflexivo de *ella*
8. Ella (escoger) los libros que le interesan. (*present tense*)
9. Tú (tocar) el piano anoche.
11. Laura (llegar) tarde ayer.
13. Yo (empezar) a trabajar la semana pasada.
14. «foot» en español
16. terminación de *Belén*
18. Yo (gozar) de buena salud.
21. Organización Pública Escolar (iniciales)
22. Yo (agregar) algo más después. (invertido)
23. Yo (jugar) hasta las 10 anoche.
25. Unión Católica (iniciales)
26. Andrés (gozar) de una vida tranquila.
29. *Toqué* viene del verbo _ _ _ _ _ _ .
32. mueble de la recámara
34. una de las sílabas de *papá*
38. nombre de la letra «G»

Topical Vocabulary

Los deportes

el **balompié**, el **fútbol**, soccer
el **béisbol**, baseball
el **baloncesto**, basketball
el **hockey**, la **chueca**, hockey
la **carrera**, track, race
el **boxeo**, boxing
la **natación**, swimming
la **lucha libre**, wrestling
la **esgrima**, fencing
el **tenis**, tennis
el **esquí**, skiing

el **golf**, golf
el **ciclismo**, bicycling
el **tiro al blanco**, target practice
la **pesca**, fishing
la **equitación**, horseback riding
el **jai-alai**, jai-alai (*a game similar to handball*)
el **volibol**, volleyball
el **boliche**, los **bolos**, bowling
el **pin-pón**, el **tenis de mesa**, ping-pong
ser aficionado(-a) a los deportes, to be a sports fan

F. Ask a classmate the following questions. After he answers them, reverse the roles.

1. ¿Eres aficionado(-a) a los deportes?
2. ¿Cuáles de los deportes practicas?
3. ¿Cuál de los deportes te gusta más?

4. ¿Te gusta la natación?
5. ¿Dónde jugaste al tenis el verano pasado?
6. ¿Miraste anoche la lucha libre en la televisión?
7. ¿Te gusta jugar al golf con una amiga?
8. ¿Qué deportes se pueden jugar en una cancha?
9. ¿Por qué juegas a los deportes?
10. En el otoño, ¿cuál es tu deporte favorito?
11. En los Estados Unidos, ¿dónde juegan al jai-alai?
12. ¿Con quién te gusta jugar al fútbol?
13. ¿Con quién jugaste a los bolos anoche?
14. ¿Te gusta ir de pesca?
15. En el invierno, ¿qué deportes prefieres practicar?

G.   ¡Vamos a charlar!

You and your classmates will interview a member of your class. Everyone takes turns asking him questions of the type mentioned below. He may answer as many questions as he wishes. If he does not want to answer a question, he may exchange roles with his questioner by saying, "Tú vas a contestar"–and repeats the question. The student who had originally asked it must reply, and *he* now becomes the person interviewed by the class.

All questions must begin with: ¿Te gusta . . .?

EXAMPLES: ¿Te gusta nadar?
                    ¿Te gusta jugar al baloncesto?

H. Describe the picture on page 86 in Spanish.

REVIEW OF THE PRETERITE AND IMPERFECT TENSES

I. Write the following paragraph in the preterite tense:

Llego a la escuela a las siete y media, veo a varios de mis amigos, me acerco a ellos, converso un rato, y luego me voy a mi primera clase. Allí me pongo a repasar la lección. El profesor viene a la clase a las ocho en punto y de inmediato empieza a enseñar. A las doce almuerzo, y después me dedico a estudiar. A las dos y media terminan las clases y con mis amigos practico al tenis. Allí gozo del aire libre, pero no juego mucho porque tengo que estar en casa a las cuatro.

J. Write the following paragraph in the imperfect tense:

Soy una bola que vive en una cancha de deportes. Estoy contenta porque sé que los niños me quieren y juegan conmigo todos los días. Vienen aquí cuando hace buen tiempo. Ellos corren, gritan y saltan, y los veo contentos. Yo me pongo triste cuando cierran la cancha y tengo que quedarme sola.

K. In each sentence, write the appropriate forms of the preterite and imperfect tenses of the verbs in accordance with the following example:

EXAMPLE: Yo __*estudiaba*__ cuando ellos __*entraron*__.
      (estudiar)   (entrar)

    (*I was studying when they came in.*)

1. Ellos _____ cuando yo los _____.
         (trabajar)   (llamar)

2. Nosotros _____ el periódico cuando Alicia _____.
         (leer)   (llegar)

3. Ustedes _____ al béisbol cuando _____ a llover.
         (jugar)   (empezar)

4. Cuando yo _____ en la sala, los chicos _____ la televisión.
          (entrar)   (mirar)

5. Cuando tú _____, la orquesta _____ un tango.
         (salir)   (tocar)

L. In each of the following sentences, decide whether the preterite or the imperfect tense should be used, and write the appropriate form of the verb. Bear in mind that the *preterite* tense indicates the beginning or the end of an action or event occurring in the past (**Hablé** con mi profesor *ayer*); the *imperfect* tense tells what *was happening* (Yo **hablaba** con mi profesor cuando sonó el timbre), what *used to happen* (Yo **iba** a la playa *cada verano*), or describes a past *situation* or *state of mind* (Yo **quería** ir al baile pero no **podía**).

1. Ellos _____ en la cocina todas las mañanas.
        (comer)

2. Anoche ellos _____ la cena en la cocina porque _____
                             (tomar)   (hacer)

   frío y el comedor no _____ calefacción.
                                (tener)

3. Nosotros _____ a la playa todos los días. Alicia nunca _____
                       (ir)   (querer)

   ir a nadar con nosotros; _____ tomar el sol o leer un libro. Pero un
                                     (preferir)

   día ella _____ nadar un poco porque _____ mucho
                  (decidir)   (hacer)

   calor, y se _____ en el agua unos diez minutos.
                   (quedar)

Review Quiz: **The Preterite and Imperfect Tenses**

(1) Write the appropriate form of the preterite.

   1. acercarse   El agente de policía _____ al alcalde.

   2. tocar   Juan y María _____ una canción.

   3. empezar   Yo _____ a jugar en la cancha.

   4. venir   Nosotros _____ a la escuela.

   5. jugar   Yo _____ un buen partido.

(2) Give the appropriate form of the imperfect.

   1. ser   La policía _____ siempre su protectora.

   2. gustar   Me _____ jugar al tenis.

   3. ir   Allí ellos _____ a construir un edificio.

   4. ver   Yo los _____ contentos.

   5. sentirse   Tú _____ muy feliz.

(3) Complete the following sentences, using the names of various sports.

   1. Mi escuela tiene buenos equipos de _____

   2. En España se juega a (al) _____

   3. En el otoño practicamos a (al) _____

   4. En la televisión veo los partidos de _____

   5. En una cancha se practica _____

   6. En el invierno vamos a _____

   7. En el gimnasio jugamos a (al) _____

   8. Al aire libre nos gusta practicar a (al) _____

Experiencia Cultural

"Echando piropos"

Sally y Karen son dos estudiantes de los Estados Unidos que estudian el español en la escuela secundaria. Acaban de llegar a San Juan, capital de Puerto Rico, en una excursión estudiantil. Éste es el primer viaje que hacen a una ciudad hispana. Mientras se pasean solas por el Castillo del Morro,[1] se dan cuenta de[2] que las siguen dos muchachos puertorriqueños. Los muchachos se acercan a ellas, les sonríen y las miran con admiración. Les dicen: «¡Qué preciosidad de mujeres!» «¡Dichosos los ojos que[3] pueden ver la belleza de tu cara y de tu figura!» «¡Tanta hermosura debe estar protegida! ¿Podemos acompañarlas?»

Las muchachas se miran sin saber qué hacer. Asustadas,[4] empiezan a caminar muy rápidamente. Los jóvenes puertorriqueños se sorprenden al ver la reacción de las chicas, y hablan al respecto:[5]

PEPE: ¿Qué les pasó? Parece que las asustamos.

MIGUEL: Yo no sé, pero viste la mirada que nos dieron.

PEPE: A lo mejor[6] creyeron que éramos sinvergüenzas.[7]

MIGUEL: ¡Vamos, hombre! Probablemente no saben español.

PEPE: Yo lo dudo. Creo que nos entendieron porque se pusieron rojas.[8]

MIGUEL: Tal vez no conocen nuestra costumbre de echar piropos.[9]

PEPE: ¡Qué lástima! Son preciosas,[10] ¿no?

[1] an old Spanish fortress
[2] they notice
[3] Lucky are the eyes that
[4] Frightened
[5] about it
[6] Perhaps
[7] brazen, shameless
[8] they blushed
[9] making flattering remarks to attractive women as they pass by
[10] beautiful

Adaptation

Prepare a skit about the following situation:

Two American students, Kathy and Sue, are in San Juan, Puerto Rico, and talk to their land-lady about some advances that two boys made to them while they were strolling through the *Castillo del Morro*.

Some expressions you can use in the skit:

hacer requiebros, to make advances
¡Qué bonitos ojos tienes! What pretty eyes you have!
nos dijeron, they told us
el sinvergüenza, the rascal, shameless flirt
silbar, to whistle
echar piropos, to make flattering remarks (to women)
es una costumbre, it is a custom
contestar, to answer
dar las gracias, to give thanks, to thank

9

UNA VISITA INESPERADA

Luisa Rodríguez es una chica morena y muy bonita que vive en Valencia, una ciudad al sur de España en la costa oriental.[1] Ramón Sánchez, su novio, es un joven muy listo[2] que vive en una de las huertas[3] de las afueras[4] de Valencia. Ramón visita a su novia casi cada fin de semana. Durante sus visitas se pasean a menudo por el jardín de la casa, donde hay muchos naranjos,[5] rosas y jazmines.

Este domingo Luisa está muy contenta porque sus padres han invitado a Ramón a comer hoy en casa de los Rodríguez, y ella va a preparar el plato favorito de su novio: la paella.[6] Luisa ya ha ido a la misa[7] esta mañana. Después de la misa, había pasado por el mercado a comprar los ingredientes necesarios para una suculenta[8] paella: arroz, pollo y mariscos.[9] Luego había regresado a casa y se había puesto en seguida a cocinar.

Ahora está ocupada en la cocina. Mientras prepara la comida, oye el tecleo ruidoso[10] de la máquina de escribir[11] de su padre, quien está trabajando en su despacho.[12] El señor Rodríguez es escritor. Escribe cuentos para niños. Los cuentos tienen mucho encanto[13] y son muy populares. Los personajes[14] de los cuentos son generalmente animales: perros, gatos, ovejas, etc. Después de un rato, el tecleo se para,[15] y Luisa, conociendo las costumbres de su papá, sabe que él se ha ido a echar una siesta.[16]

De pronto Luisa oye un ruido extraño detrás de ella. Cree que es Ramón, y que él ha entrado en la cocina silenciosamente para gastarle una broma.[17] Se vuelve y ve con sorpresa que es un ratón.[18]

—¡Dios mío! —grita Luisa—. ¿Un ratón aquí? Nunca se han visto ratones en esta casa.

Pero su sorpresa pronto se cambia en curiosidad. Este animalito no es un ratón ordinario. Primero, está sentado en las ancas,[19] como un gato. Segundo, lleva gafas.[20]

—¿Un ratón con gafas? ¡Esto es ridículo!

—Las necesito —contesta el animal—. Soy corto de vista.[21]

—¿De veras? —dice Luisa—. Pero ¿qué me pasa? ¡Un ratón que habla! ¿Estoy soñando?[22] ¡Es absurdo! .

—Estoy de acuerdo,[23] señorita —le dice el ratón—. Es *muy* absurdo. Pero la culpa[24] no es mía. Si me lo permite, puedo explicárselo todo.

—Vale[25] —contesta Luisa—. Debe de ser muy interesante, tu explicación.

—Pues, en resumidas cuentas,[26] soy un fugitivo, señorita. Me escapé de uno de los cuentos de su padre.

[1] eastern
[2] clever
[3] fruit or vegetable gardens
[4] outskirts
[5] orange trees

[6] a stew made of chicken, seafood, rice, and vegetables
[7] Mass
[8] juicy, succulent
[9] seafood
[10] noisy clicking
[11] typewriter
[12] study, den
[13] charm
[14] characters
[15] stops
[16] to take a nap

[17] play a joke on her
[18] mouse

[19] on its haunches
[20] eyeglasses

[21] nearsighted

[22] dreaming
[23] I agree
[24] fault

[25] O.K.

[26] to make a long story short

—¿Qué?

—Sí, señorita. Sin duda conoce las obras de su padre. ¿Ha leído usted «Las Aventuras de Pedrito»?

—Ah, sí. Me acuerdo bien de esa historia. El héroe es un ratón valiente y muy activo—algo como el ratón Miguelito.[27]   [27] Mickey Mouse

—Entonces, ¿no me reconoce usted?

—¡Por Dios! Ese Pedrito, ¡eres tú!

—Sí, por desgracia —contesta el ratón con un suspiro[28]—. Yo no   [28] sigh
soy un nuevo ratón Miguelito, pero el padre de usted no se da
cuenta de eso. Todas esas aventuras me han agotado.[29] Saltando   [29] exhausted
aquí, corriendo allá, . . . ¡qué cansado estoy!

— ¡Ay, pobrecito! —dice Luisa con simpatía.

En ese momento, Luisa oye llegar a su novio. La muchacha se
vuelve hacia la puerta para saludarle. Ramón entra en la cocina
trayendo un ramillete[30] de flores.   [30] bouquet

— ¡Buenas tardes, preciosa![31] ¿Qué hay de nuevo?   [31] darling

—Oh, Ramón, ¡he tenido una experiencia increíble esta tarde!
—exclama ella. Mira hacia el rincón donde había dejado a Pedrito,
pero el animalito ha desaparecido.

—Bien, Luisa, ¿qué te pasó esta tarde?

Luisa le cuenta la historia del ratón y todo lo que sucedió en la
cocina. Ramón se ríe.

— ¡Ja, ja! ¡Qué imaginación tienes, Luisita! ¿Por qué no in-
vitaste al ratoncito a almorzar con nosotros?

Luisa se encoge de hombros;[32] ya sabía que Ramón no iba a   [32] shrugs
creer su historia. —A propósito,[33] ¿quieres probar la paella que he   [33] By the way
preparado?

De repente, Ramón nota algo que está en el suelo, y lo recoge.[34]   [34] picks it up

— ¿Qué es esto, Luisa?

En la mano tiene un par de gafas muy pequeñas.

EJERCICIOS

A. Choose the correct answer.

   1. ¿Por qué está contenta Luisa?
      a. Va a comer en casa de los Sánchez.
      b. Su madre va a preparar una paella.
      c. Su novio va a comer en casa de ella.
      d. Va a visitar a su novio.

   2. Cuando su novio la visita, ¿dónde les gusta pasar el tiempo?
      a. en las afueras de Valencia   *b.* en las huertas
      c. en la cocina   *d.* en el jardín

   3. ¿Que va a hacer Luisa por su novio?
      a. ir a la misa temprano
      b. cocinar la comida que él prefiere
      c. ir al mercado con él
      d. ir de compras a las huertas

4. De costumbre, ¿qué hace el señor Rodríguez después de trabajar un rato?
   - *a.* Se acuesta.
   - *b.* Da un paseo.
   - *c.* Escribe un cuento.
   - *d.* Va a su despacho.

5. ¿Cuál es la ocupación del padre de Luisa?
   - *a.* El cuento no la menciona.
   - *b.* jardinero
   - *c.* escritor
   - *d.* cocinero

6. ¿Quién entra en la cocina mientras ella está cocinando?
   - *a.* un animalito
   - *b.* un amigo
   - *c.* Ramón
   - *d.* sus padres

7. ¿Cómo se llama el intruso (intruder)?
   - *a.* Ramón
   - *b.* Pedrito
   - *c.* Sr. Sánchez
   - *d.* Miguelito

8. ¿Por qué se sorprende Luisa al ver el intruso?
   - *a.* Tiene miedo de los ratones.
   - *b.* Sus padres no lo habían invitado.
   - *c.* No lo conoce.
   - *d.* Nunca hay ratones en su casa.

9. ¿Por qué ha entrado Pedrito en la cocina?
   - *a.* Quería gastarle una broma a Luisa.
   - *b.* Tiene hambre.
   - *c.* Es corto de vista.
   - *d.* Cree que el Sr. Rodríguez no va a encontrarlo allí.

10. ¿De qué se da cuenta Ramón al encontrar las gafas?
   - *a.* Luisa no le había dicho la verdad.
   - *b.* Luisa es corta de vista.
   - *c.* Luisa tiene la imaginación muy viva.
   - *d.* Lo que le contó Luisa era verdad.

B. **Preguntas personales**

1. ¿Te gusta la paella? ¿Por qué?

   _____

   ¿De qué animales tienes miedo? ¿Por qué?

   _____

C. Use each expression in a Spanish sentence.

1. los fines de semana_____

2. su plato favorito_____

3. gastarle una broma_____

4. echar una siesta _____

5. en resumidas cuentas _____

6. a propósito_____

Grammar: **The Present Perfect and Pluperfect Tenses**

These two tenses are each composed of two parts: a form of the verb **haber** (to have) and a *past participle*.

The past participle

To form past participles that are regular, add **-ado** to the stem of an -AR verb and **-ido** to the stems of both -ER and -IR verbs:

> habl*ar*: habl*ado*, spoken
>
> com*er*: com*ido*, eaten
>
> viv*ir*:   viv*ido*, lived

Irregular Past Participles

past participles ending in -ído	
caer: ca*ído*, fallen	**oír:** o*ído*, heard
creer: cre*ído*, believed	**traer:** tra*ído*, brought
leer: le*ído*, read	

past participles ending in -to	
abrir: *abierto*, opened	**romper:** *roto*, broken
escribir: *escrito*, written	**ver:** *visto*, seen
morir: *muerto*, died	**volver:** *vuelto*, returned
poner: *puesto*, put, placed	

past participles ending in -cho	
decir: *dicho*, said, told	**hacer:** *hecho*, done, made

D. Write the past participles of the following verbs:

regular past participles

1. escuchar _____   5. entender_____

2. tener   _____   6. subir   _____

3. vivir   _____   7. cantar _____

4. dar   _____   8. venir   _____

irregular past participles

9. volver _____

10. poner _____

11. abrir _____

12. decir _____

13. leer _____

14. romper _____

15. hacer _____

16. escribir _____

17. caer _____

18. ver _____

19. traer _____

20. oír _____

The present perfect tense

The present perfect tense = the present tense of **haber** + the past participle: **yo he hablado,** *I have spoken.* The participle does not change. The present tense of **haber** is irregular:

haber
to have

yo *he*	
tú *has*	
él, ella, Vd. *ha*	**hablado** **comido** **vivido**
nosotros *hemos*	spoken eaten lived
vosotros *habéis*	
ellos, -as, Vds. *han*	

E. The eight rows of squares correspond to the eight sentences below them. Fill each row with the letters that spell the appropriate form of the present perfect tense of the verb in italics. (Each answer consists of two words.) When all the rows are filled, you will find a column of letters that spell the name of an important Spanish city. Write the name here:

_____

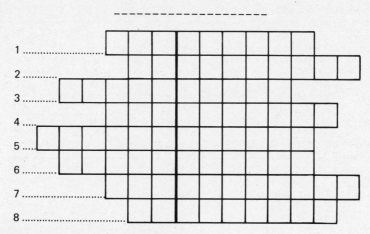

1. Los Rodríguez *vivir* siempre en Valencia.
2. Yo *asustar* al ratón.
3. Nosotros *leer* un libro sobre las huertas de Valencia.
4. Tú *escribir* la receta de la paella.
5. Vosotros *notar* que Luisa estaba asombrada.
6. Nosotros *creer* la historia de Luisa.
7. Los padres de Luisa *invitar* a Ramón a cenar.
8. Luisa *abrir* la puerta de la cocina.

F. Complete each sentence with the proper form of the present perfect tense of the verb in parentheses.

1. (abrir)   Ellos _____ las ventanas.

2. (morir)   El rey _____.

3. (romper)   Vosotros _____ los vasos.

4. (ver)   ¿_____ ustedes la película?

5. (decir)   Nosotros _____ la verdad.

6. (volver)   ¿_____ el maestro a la clase?

7. (hacer)   Yo no _____ la tarea todavía.

8. (traer)   Tú no _____ tus libros.

9. (poner)   ¿_____ usted los papeles en la mesa?

10. (caer)   Esos libros _____ del estante.

G. **¡Que corra la bola!** The class may perform this exercise as follows: A student asks question #1-*a* of a classmate ("¿Cuándo piensas tú comer el desayuno?"), who answers by completing the reply begun in the second column ("Ya lo *he comido*"). The classmate then asks question 1-*b* of a third student ("¿Cuándo piensas tú cantar la canción?"), who answers in the same way, passing to question 1-*c*, and so on—till all four sets of replies have been used.

Complete the answer to each question by using the present perfect tense:

1. ¿Cuándo piensas tú . . . ?

    a. comer el desayuno   Ya lo _____

    b. cantar la canción   Ya la _____

    c. vestirte   Ya me _____

    d. jugar al tenis   Ya _____ al tenis.

2. ¿Cuándo va ella a . . . ?

    a. escuchar la radio   Ya la _____

    b. leer el periódico   Ya lo _____

    c. levantarse   Ya se _____

    d. oír el concierto   Ya lo _____

3. ¿Cuándo piensan ustedes . . . ?

    a. ver la película   Ya la _____

    b. abrir la botica   Ya la _____

    c. escribir la tarea   Ya la _____

    d. bañarse   Ya nos _____

4. ¿Cuándo vas a . . . ?

    a. hacer el trabajo   Ya lo _____

    b dormir   Ya _____

    c. lavarte   Ya me_____

    d. decir la verdad   Ya _____ la verdad.

The pluperfect tense

The pluperfect tense = the imperfect tense of **haber** + the past participle: **yo había hablado,** *I had spoken.*

yo *había*
tú *habías*
él, ella, Vd. *había*
nosotros *habíamos*
vosotros *habíais*
ellos, -as, Vds. *habían*

hablado	*comido*	*vivido*
spoken	eaten	lived

H. The eight rows of squares correspond to the eight sentences below them. Fill each row with the letters that spell the appropriate form of the pluperfect tense of the verb in italics. (Each answer consists of two words.) When all the rows are filled, you will find a column of letters containing the name of a popular Spanish dish (two words). Write it here:

_____

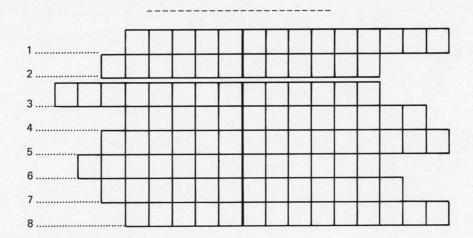

1. Ramón se *levantar* temprano.
2. Sus amigos *andar* hasta las afueras de la ciudad.
3. Nosotras *poner* los vestidos en el armario.
4. Yo no me *acordar* de traer los ingredientes para hacer la paella.
5. Tú tampoco *escuchar* el grito de la chica.
6. Vosotros *lavar* los platos y los vasos.
7. Ustedes *llegar* a tiempo para la cena.
8. El padre *almorzar* antes de ir a la tertulia.

I. Complete the answer to each question by using the pluperfect tense:*

1. ¿Cuándo iba el profesor a . . . ?

   a. hablar de la lección   Ya _____ de ella.

   b. recibir tu examen   Ya lo _____

   c. entrar en el aula   Ya _____ en él.

   d. sentarse   Ya se _____

2. ¿Cuándo pensaban ellos . . . ?

   a. traer los libros   Ya los _____

   b. ver las películas   Ya las _____

   c. lavarse   Ya se _____

   d. subir la escalera   Ya la _____

3. ¿Cuándo iban ustedes a . . . ?

   a. levantarse   Ya nos _____

   b. comer   Ya _____

   c. oír la canción   Ya la _____

   d. abrir la puerta   Ya la _____

4. ¿Cuándo ibas a . . . ?

   a. acostarte   Ya me _____

   b. hacer tus maletas   Ya las _____

   c. decir la verdad   Ya la _____

   d. romper el hielo   Ya lo _____

Review Quiz A: The Present Perfect and Pluperfect Tenses

In (1) and (2), below, write the appropriate forms of the present perfect and pluperfect tenses and their English meanings.

(1) **Present Perfect**

   EXAMPLE: hablar   (yo) *yo he hablado, I have spoken*

   1. beber   (tú) _____

   2. hacer   (ellos) _____

*This drill may be performed orally in the same way as that described in the instructions to exercise **G** on page 102.

3. poner   (los chicos) _____

4. caer   (vosotros) _____

5. escribir   (ustedes) _____

(2) **Pluperfect**

EXAMPLE: tomar   (yo) *yo había tomado, I had taken*

1. vivir   (nosotros) _____

2. volver   (yo) _____

3. morir   (ella) _____

4. ver   (vosotros) _____

5. romper   (tú) _____

REVIEW OF TENSES

J. Identify the tense displayed in each sentence by writing, in the blank on the left, the letter of its tense as given in the key below. To the right of the sentence, write its English equivalent.

Key: *a* = present tense   *d* = present perfect
        b = preterite   *e* = pluperfect
        c = imperfect   *f* = present progressive (optional)

_____ 1. Estaba contenta. _____

_____ 2. Nos habían invitado. _____

_____ 3. Están jugando. _____

_____ 4. Oye un ruido. _____

_____ 5. Íbamos con ellos. _____

_____ 6. Ella ha cantado. _____

_____ 7. ¿No los vio usted? _____

_____ 8. Ellos querían ir. _____

_____ 9. Supimos la verdad.* _____

_____ 10. Se pasean con frecuencia. _____

_____ 11. Era Ramón. _____

_____ 12. Fue hacia ella. _____

_____ 13. Habíamos llegado. _____

_____ 14. Estamos trabajando. _____

_____ 15. Se habían echado a reír. _____

_____ 16. Él habla muy bien. _____

*See footnote, page 78.

------ 17. Ya se han ido. _____

------ 18. No quise venir.* _____

------ 19. No podíamos escucharlo. _____

------ 20. Pudimos llegar a tiempo.* _____

*See footnote, page 78.

Review Quiz B: Round-Up of Past Tenses

Repeat each sentence orally, changing the tense of the verb to the following tenses: the *preterite*, the *imperfect*, the *present perfect*, and the *pluperfect*.

(As an aid to memory, you may write the required verb forms in the blanks provided.)

1. Yo no puedo hacerlo. _____

2. Él se levanta temprano. _____

3. Van al cine. _____

4. ¿Qué haces? _____

5. Piden ayuda. _____

6. Duermen. _____

7. Decimos la verdad. _____

8. No hacéis vuestras tareas. _____

9. Ustedes no leen el cuento. _____

10. Escriben las cartas. _____

Topical Vocabulary

Las comidas y los utensilios

A. *Las comidas*

Menú de un Restaurante Hispano

Desayuno: 7,00–10,00
Almuerzo: 12,00–3,00
Cena: 7,30–11,00

Entremeses

sopa del día   sopa de legumbres   caldo gallego
        ensalada de lechuga y tomate   coctel de frutas

Platos Principales

paella

cordero asado

filete de ternera

bistec con papas fritas

huevos fritos (revueltos)

pollo asado

arroz con pollo

pescado del día

enchiladas

emparedado de queso y jamón

Postres

pasteles, frutas frescas, helado de chocolate

Bebidas

café, té, leche, cerveza, vino

el **almuerzo**, lunch

el **arroz con pollo**, chicken with rice

la **bebida**, beverage

el **bistec**, beefsteak

el **café**, coffee

el **caldo gallego**, Galician broth

la **cena**, supper

la **cerveza**, beer

la **comida**, meal; dinner; food

el **cordero asado**, roast lamb

el **desayuno**, breakfast

el **emparedado de queso y jamón**, cheese and ham sandwich

la **enchilada**, Mexican corn cake filled with meat, cheese, or tomato sauce, and spiced with chili

la **ensalada**, salad

el **entremés**, hors d'oeuvre, side dish, appetizer

el **filete de ternera**, veal steak

las **frutas frescas**, fresh fruit(s)

el **helado de chocolate**, chocolate ice cream

los **huevos fritos**, fried eggs

los **huevos revueltos**, scrambled eggs

el **jamón**, ham

la **leche**, milk

la **lechuga**, lettuce

la **mantequilla**, butter

la **paella**, stew made of chicken, seafood, rice, and vegetables

el **pan**, bread

las **papas fritas**, fried potatoes

el **pastel**, pie; pastry

el **pescado**, fish

el **pollo asado**, roast chicken

el **postre**, dessert

el **queso**, cheese

la **sopa de legumbres**, vegetable soup

el **té**, tea

el **tomate**, tomato

el **vino**, wine

B. *Los utensilios*

EL CUBIERTO

K. Complete each sentence with Spanish words for various foods and utensils.

1. Quiero comer _____, _____, y _____.

2. A mí me gustan más _____.

3. A las 7:30 de la mañana tomo _____.

4. A las 6:00 de la tarde tomo _____.

5. Ayer para el almuerzo tomé _____, _____, y _____.

6. Para la cena, yo quiero comer _____, _____, y _____.

7. Para el desayuno me gusta tomar _____, _____, y _____.

8. Luisa no puede tomar su sopa porque le falta una_____.

9. Tres bebidas que me gustan son _____, _____, y _____.

10. Cada cubierto debe tener un _____, un _____, un _____,
    una _____, y una _____.

11. ¡Páseme el _____ de agua!

12. El café se sirve en una _____.

13. Necesito más sal; páseme el _____, por favor.

14. Ya es la hora de comer; vamos a sentarnos a la _____.

15. A mi me falta el _____ para cortar la carne.

16. A mí me gusta el _____ que sirven en este restaurante.

17. A Juan le faltan un _____ y una _____.

18. A nosotros nos encanta la _____.

19. A Juan le gusta la comida mexicana, especialmente las _____.

20. En nuestro país, muchos obreros llevan su almuerzo consigo cuando van al trabajo—un almuerzo que consiste principalmente en uno o dos _____.

L. Describe in Spanish the three pictures below.

A. _____

_____

_____

_____

B. --

C. --

M. In the following dialogue, play the role of Tomás.

Dos estudiantes norteamericanos que tienen hambre hablan de restaurantes y de sus platos favoritos.

DANIEL: Tengo hambre y ya son las siete, la hora de cenar.

TOMÁS: --

DANIEL: Yo lo sé, pero he oído decir que hay un restaurante mejor en la otra esquina.

TOMÁS: --

DANIEL: Aquí hacen una paella muy buena y un cordero asado delicioso. (*Entran en el restaurante y se sientan a una mesa desocupada.*) ¿Llamamos al mesero?

TOMÁS: --

DANIEL: A mí me gusta mucho, pero voy a pedir un bistec con papas, ensalada de tomates y café.

TOMÁS: --

DANIEL: ¿Qué piensas tú pedir de postre? Yo quiero helado de chocolate.

TOMÁS: --

¡Vamos a cocinar!

Paella a la Valenciana (12 personas)

2 lbs. de arroz	2 ajos machacados
2 onzas de aceite	4 tomates
1 pollo	18 almejas
1 cebolla grande picada	30 camarones
1 lb. salchicha de puerco	

Cocine los mariscos y la salchicha por 10 minutos con sal.

Ponga el arroz a freír por 3 o 4 minutos; agregue agua, azafrán y guisantes. Déjelos ablandar, agregue todos los demás ingredientes picados. Sírvase caliente.

Vocabulario

arroz, rice
onza, ounce
aceite, oil
pollo, chicken
cebolla, onion
picada, chopped
ajo, garlic
machacado, mashed
calamares, squid
camarones, shrimps

salchicha de puerco, pork sausage
almejas, clams
guisantes, peas
azafrán, saffron

cocinar, to cook
freír, to fry
agregar, to add
dejar, to leave
ablandar, to soften

Sírvase caliente. Serve it hot.

¿Te gusta cocinar? Write in Spanish a recipe for your favorite dish.

Experiencia Cultural

Una tarde de toros

Jim y Tom, dos amigos norteamericanos, viajan por España en coche. Se detienen[1] en Pamplona para almorzar. Como nunca han visto una corrida de toros, deciden ir a ver una en esa ciudad. Es una corrida muy buena: el toro es bravo y el matador excelente. Los dos jóvenes se entusiasman y empiezan a silbar.[2] Unos pamploneses[3] sentados cerca de ellos los miran con disgusto, y uno de ellos les habla.

[1] They stop off

[2] to whistle
[3] inhabitants of Pamplona

TOM: ¡Qué buen papel hace el matador!

PAMPLONÉS: Sí, señores, es un buen matador. ¿Les gusta la corrida?

JIM: Estamos impresionados y nos gusta muchísimo.

PAMPLONÉS: Entonces, ¿por qué silban ustedes al torero?

JIM: ¡Oh! En los Estados Unidos silbamos durante un partido cuando hay una jugada buena. [4]

[4] a good "play," a good throw or "hit," etc.

PAMPLONÉS: Ahora comprendo. Aquí silbamos al matador cuando es *malo.*

TOM: ¿De veras? Ahora comprendo por qué la gente nos mira con asombro.

JIM: ¿Qué hacen los españoles cuando quieren mostrar su entusiasmo por un torero excelente?

PAMPLONÉS: Los españoles gritan: «¡Olé!» Otros tiran flores, sombreros u otras cosas.

TOM: Muchas gracias por la explicación.

PAMPLONÉS: De nada. Miren qué buena verónica realiza el matador.

TOM Y JIM: ¡Olé! ¡Olé!

Adaptation

In a small group prepare a skit about the following situation:

Two young *sevillanos* are watching a good *corrida de toros* in *la Macarena*, Seville's famous bullring. They are wondering why a group of American students are whistling at the matador.

Some expressions you can use in the skit:

¡**Qué buen pase!** What a good pass!
¡**Qué verónica tan perfecta!** What a perfect *verónica!* *
¡**Qué buena tarde de toros!** What a good bullfight!
parece, it seems
extranjeros, foreigners
a lo mejor, perhaps, maybe
con asombro, with astonishment

*A graceful pass in which the bullfighter waits for the bull with an open cape

10
EL BOICOTEO DE UVAS

En uno de los mercados al aire libre[1] en San José, California, hay toda clase de frutas. Allí se ve una gran cantidad de uvas que los clientes[2] miran con deseo—¡qué sabrosas parecen!—pero nadie las compra. Pablo, el chico que trabaja en el puesto de frutas,[3] no comprende por qué los clientes no compran las uvas.

Los días pasan y las uvas se ponen viejas. Un día, el chico se dirige al señor Cabral, el dueño del puesto, y le dice:

—Parece que las uvas no se venden. Pronto se van a dañar. Los clientes no las compran. ¿Por qué? ¿Cuestan demasiado?

—Pablo, el problema no es el precio sino el boicoteo.[4]

—¿Qué es un boicoteo?

—Cuando la gente se niega[5] a comprar algo, eso se llama un boicoteo.

—¿Por qué se niega la gente a comprar nuestras uvas?

—Te lo voy a explicar —contesta el propietario—. A los cosecheros de uvas[6] no les pagan bastante, y, por eso, ellos han organizado un sindicato[7] que trata de conseguirles mejor paga[8] y mejores condiciones de trabajo. Sin embargo, los dueños de los viñedos[9] se niegan a tratar con[10] el sindicato. Por eso, los cosecheros se han ido a la huelga.[11] ¿Recuerdas al grupo de obreros chicanos[12] que viste cuando llegaste aquí esta mañana? ¿Recuerdas los cartelones que llevaban?

—Sí, los letreros[13] decían: «No compren uvas»; «Necesitamos su cooperación»; «Ayuden a los chicanos»; «Justicia para los chicanos»—responde el chico.

—Pues, ellos son cosecheros. Con esos letreros, ellos piden ayuda y cooperación al público. Piensan así: si nadie compra uvas, los dueños de los viñedos se darán cuenta de[14] que el público en los Estados Unidos respalda[15] a los cosecheros, y entonces los dueños se verán obligados a reconocer al sindicato y a negociar con él.

—Yo no sabía nada de esto —dice Pablo con una cara de preocupación.

Al ver a Pablo preocupado, el dueño le dice:

—No hay que preocuparse, todo se resolverá pronto.

—¿Por qué está usted tan seguro de ello? —pregunta el muchacho.

—Te voy a contar una historia que me dijo un amigo de Panamá:

Una vez los cosecheros de bananas en Panamá se negaron a trabajar por la compañía bananera porque los salarios[16] eran miserables y las condiciones de trabajo muy malas. Las frutas se dañaban en los campos por falta de atención, la compañía perdía dinero y clientes. El representante de los cosecheros convenció a los propietarios de la necesidad de mejorar las condiciones económicas de los agricultores con la siguiente explicación: «las manos

---

[1] open-air
[2] customers
[3] fruit stand

[4] boycott

[5] refuses

[6] grape pickers
[7] labor union
[8] pay, wages
[9] vineyards
[10] deal with
[11] strike
[12] Mexican-American
[13] signs

[14] will realize
[15] backs, supports

[16] wages

son necesarias para llevar el alimento a la boca, los dientes para masticar, la lengua para tragar y el estómago para digerir. Así el cuerpo vive feliz. Si las manos no llevan la comida a la boca, los dientes no tendrán nada que masticar, el estómago no tendrá nada que digerir, y, por lo tanto, el cuerpo morirá. Las manos son indispensables y representan en este caso a los cosecheros, y el cuerpo representa a la sociedad. Todas las partes del cuerpo son indispensables, y tienen que trabajar juntas. ¡Tienen que ponerse de acuerdo![17] Tienen que ayudarse para sobrevivir.» —Lo mismo pasa en nuestra sociedad —añade el propietario—. Por eso las huelgas no pueden durar mucho tiempo.

[17] come to an agreement

El chico, alegrándose, dice:

—Si esto es así, entonces los dueños de los viñedos y los cosecheros tendrán que llegar pronto a un acuerdo.

EJERCICIOS

A. Answer each question with a complete Spanish sentence.

1. ¿Dónde está el puesto de frutas?

   _____

2. ¿Por qué se ponen viejas las uvas?

   _____

3. ¿Cuál es la pregunta que hace Pablo al señor Cabral?

   _____

4. Según el dueño del puesto, ¿por qué no compra la gente las uvas?

   _____

5. ¿Qué dicen los letreros que llevan los huelguistas (*strikers*)?

   _____

6. ¿Qué han organizado los cosecheros? ¿Por qué?

   _____

7. ¿Dónde ocurrió la historia que cuenta el Sr. Cabral?

   _____

8. ¿Quiénes se negaron a trabajar? ¿Por qué?

   _____

9. Según la explicación del representante de los cosecheros, ¿qué representan las manos en el "cuerpo" de la sociedad?

   _____

10. Después de oír la historia del Sr. Cabral, ¿qué cree Pablo?

    _____

B. Preguntas personales

1. En tu opinión, ¿cuál es la moraleja (*moral*) del cuento?

   _____

2. ¿Cuáles son tus frutas favoritas?

   _____

3. ¿Qué vegetales prefieres?

   _____

C. Use each expression in a Spanish sentence.

1. al aire libre _____

2. se dirige a _____

3. se niegan a _____

4. representa a _____

5. ponerse de acuerdo _____

D. Continue the pattern suggested:

		English
vender	vendedor	seller
hablar	hablador	speaker
_____	_____	_____
_____	_____	_____
_____	_____	_____
_____	_____	_____
_____	_____	_____

Grammar: Polite Commands

> **-AR Verbs**
>
> Drop the final **o** of the **yo** form of the present tense; add **e** for the **usted** form and **en** for the **ustedes** form.

Infinitive	*Present Tense*	*Polite Command*	
hablar	habl*o*	habl*e* Vd., habl*en* Vds.	speak!
cerrar	cierr*o*	cierr*e* Vd., cierr*en* Vds.	close!

Note. If the stem of the infinitive ends in **g**, as in **jug**ar, **pag**ar, etc., replace the final **o** of the **yo** form with **ue** or **uen**:

jugar	jueg*o*	jueg*ue* Vd., jueg*uen* Vds.	play!
pagar	pag*o*	pag*ue* Vd., pag*uen* Vds.	pay!

-ER and -IR Verbs

Drop the final **o** of the **yo** form of the present tense; add **a** for the **usted** form and **an** for the **ustedes** form.

Infinitive	*Present Tense*	*Polite Command*	
escribir	escrib*o*	escrib*a* Vd., escrib*an* Vds.	write!
hacer	hag*o*	hag*a* Vd., hag*an* Vds.	do! make!

Exceptions

dar	doy	*dé* Vd., *den* Vds.	give!
ir	voy	*vaya* Vd., *vayan* Vds.	go!
ser	soy	*sea* Vd., *sean* Vds.	be!
saber	sé	*sepa* Vd., *sepan* Vds.	know!

Polite command, reflexive verbs

The reflexive pronoun is attached to the affirmative command but precedes the verb in the negative commands:

Infinitive	*Affirmative Command*	*Negative Command*
levantarse	levánte*se* Vd.	no *se* levante Vd.
	levánten*se* Vds.	no *se* levanten Vds.

When writing the affirmative commands of reflexive verbs, place an accent mark above the stem vowel.

E. ¡Que corra la bola! The class may perform this exercise as follows: Starting with group 1, a student reads statement *a* ("Quiero terminar pronto") to a classmate, who responds as indicated by the model ("Pues, termine usted pronto"). The classmate then reads statement *b* to a third student, who gives the appropriate response and reads statement *c* to a fourth student, and so on, until the five groups of sentences in this exercise have all been used.

Reply by using a polite command, as shown in the model:·

1. *Quiero comer.*   *Pues, coma usted.*

   a. Quiero terminar pronto.   _____ pronto.

   b. Quiero responder.   _____

   c. Quiero beber.   _____

   d. Quiero dormir.   _____

   e. Quiero poner la mesa.   _____ la mesa.

   f. Quiero jugar.   _____

2. *¿Debo comer?*   *No, no coma usted.*

   a. ¿Debo jugar?   _____

   b. ¿Debo comer más?   _____ más.

    c.   ¿Debo beber tanta agua? ————————————————————— tanta agua.

    d.   ¿Debo salir? ————————————————————————

    e.   ¿Debo poner la mesa? ———————————————————— la mesa.

    f.   ¿Debo ir en seguida? ———————————————————— en seguida.

3. *Vamos a comer.*   *No, no coman ustedes.*

    a.   Vamos a beber. ————————————————————————

    b.   Vamos a contestar. ————————————————————————

    c.   Vamos a salir. ————————————————————————

    d.   Vamos a jugar. ————————————————————————

    e.   Vamos a volver. ————————————————————————

    f.   Vamos a dormir. ————————————————————————

4. *Quiero levantarme.*   *Pues, levántese usted.*

    a.   Quiero desayunarme. ————————————————————————

    b.   Quiero acostarme. ————————————————————————

    c.   Quiero lavarme. ————————————————————————

    d.   Quiero bañarme. ————————————————————————

    e.   Quiero verme bien. ———————————————————— bien.

    f.   Quiero vestirme. ————————————————————————

5. *Deseamos vestirnos.*   *Pues, vístanse ustedes.*

    a.   Deseamos sentarnos. ————————————————————————

    b.   Deseamos bañarnos. ————————————————————————

    c.   Deseamos acostarnos. ————————————————————————

    Voy a sentarme.   *No se siente usted.*

    d.   Voy a acostarme. ————————————————————————

    e.   Voy a levantarme. ————————————————————————

    f.   Voy a peinarme. ————————————————————————

F. Change each statement to a polite command.

    EXAMPLES: Se lavan ahora.   *Lávense Vds. ahora.*
               No mira la pizarra. *No mire Vd. la pizarra.*

    1. Ayudan a los chicanos. ————————————————————————

    2. Están unidos. ————————————————————————

    3. No compran uvas. ————————————————————————

4. Trabaja. _____

5. Comen frutas. _____

6. Vd. no se olvida. _____

7. Vd. cierra la puerta. _____

8. Vd. no se molesta. _____

9. Vd. se mejora pronto. _____

10. Vds. vienen ahora. _____

11. Vd. sale primero. _____

12. Vd. pone la mesa. _____

13. Vd. da el vaso. _____

14. Vds. tienen cuidado. _____

15. Vd. oye la música. _____

16. Vd. trae la fruta. _____

17. Vd. pregunta a Mario. _____

18. Vd. va al mercado. _____

19. Vd. estudia la lección. _____

20. Vd. se baña ahora. _____

Topical Vocabulary

Las frutas y los vegetales

la **cereza**, cherry
el **durazno** ⎫
el **melocotón** ⎭ peach
la **fresa**, strawberry
la **manzana**, apple
la **naranja**, orange

la **pera**, pear
la **piña**, pineapple
el **plátano**, banana
la **sandía**, watermelon
la **uva**, grape

el **apio**, celery
la **coliflor**, cauliflower
la **espinaca**, spinach
el **guisante**, pea
la **habichuela**, (kidney) bean
   habichuela verde, string bean

la **lechuga**, lettuce
el **maíz**, corn
la **papa** ⎫
la **patata** ⎭ potato
el **tomate**, tomato

G. Ask a classmate the following questions:

1. ¿Qué frutas te gustan más?
2. ¿Cuáles de los vegetales te gustan más?
3. ¿Cuáles son algunos vegetales que se usan en una ensalada?
4. ¿Qué fruta conoces que viene de Hawaii?

5. ¿Qué fruta sabes que se produce en Centro América?
6. ¿Hay árboles frutales en el patio de tu casa?
7. ¿Qué vegetales se producen en el huerto (vegetable garden) de tu casa?
8. Cuando tú vas a un mercado de frutas, ¿cuáles compras?
9. ¿Qué clase de helado te gusta más?
10. Cuando vas a un restaurante, ¿qué ensalada pides?

H. In the following dialogue, play the role of Elena.

Marta y Elena van al mercado para comprar frutas y vegetales para una comida que van a servir en la fiesta que el club de español ha planeado. Hablan de la fiesta, las frutas, los precios y los invitados.

MARTA: ¿Qué clase de ensalada vamos a hacer?

ELENA: _____

MARTA: Mira que las frutas están muy caras este año.

ELENA: _____

MARTA: Me gustaría hacer una ensalada de frutas.

ELENA: _____

MARTA: Muy buena idea. Cortamos una sandía por la mitad y la metemos dentro.

ELENA: _____

MARTA: Yo no sé, pero creo que Miguel y Tomás van a venir.

ELENA: _____

I. Describe in Spanish the picture on page 114.

_____
_____
_____
_____

J. Complete each sentence with the names of at least three fruits or vegetables.

1. Los vegetales usados en una ensalada son _____.

2. Unas frutas que yo compré en el mercado eran _____.

3. Las frutas que yo prefiero son _____.

4. Los vegetales que me gustan más son _____.

5. Entrégueme una _____, una _____, y un _____.

K. Circle the word that does not belong in the group.

1. ensalada, tomate, lechuga, plato
2. maíz, durazno, cereza, pera
3. desayunar, almorzar, levantar, cenar
4. coliflor, habichuelas, tomates, fresas
5. manzana, apio, naranja, plátano

Review Quiz: Polite Commands

For each verb, write the singular and plural forms of the polite commands.

1. comer _____ usted _____ ustedes

2. poner _____ _____

3. jugar _____ _____

4. sentarse _____ _____

   no _____ _____ ustedes

5. salir _____ _____

6. cerrar _____ _____

7. irse _____ _____

   no _____ _____ usted

8. hacer _____ _____

9. pagar _____ _____

10. vestirse _____ _____

   no _____ _____ ustedes

España en el Nuevo Mundo

Los españoles trajeron a este Nuevo Mundo su civilización y sus tradiciones. Al principio poblaron las islas de las Antillas: Santo Domingo, Cuba y Puerto Rico. Desde las islas pasaron al continente americano y llegaron a formar un gran imperio.[1]   [1] empire

Partes del este y del oeste de nuestro país fueron descubiertas y exploradas por los españoles. Entre estos exploradores estaban Ponce de León, quien descubrió la Florida; Cabeza de Vaca, quien exploró partes de Tejas;[2] y Vásquez de Coronado, quien descubrió   [2] Texas
y navegó en el río Mississippi. En la Florida los españoles fundaron a San Agustín, la ciudad más vieja del país. En California bajo el mando de Fray Junípero Serra, los misioneros fundaron las misiones de San Juan Capistrano, de Santa Bárbara y muchas otras con el propósito[3] de educar y cristianizar a los indios. De estos   [3] purpose
modos,[4] los españoles lograron realizar una conquista territorial,   [4] in these ways
espiritual, lingüística y cultural.

Sin embargo, los españoles permanecieron[5] sólo unos tres siglos[6]   [5] stayed
en las Américas. En los países hispanohablantes,[7] hombres como   [6] centuries
Simón Bolívar, San Martín, Miguel Hidalgo y otros lucharon para   [7] Spanish-speaking
terminar la dominación española. La lucha acabó con[8] la victoria,   [8] ended in
pero la independencia trajo problemas políticos, sociales y económicos que todavía existen. La dominación española se terminó definitivamente cuando los Estados Unidos vencieron a España en la guerra de 1898. Así Cuba obtuvo su independencia mientras que Puerto Rico vino a ser una posesión de los Estados Unidos.

Hoy día Puerto Rico tiene su propio gobierno y se llama «un

estado libre asociado a los Estados Unidos». Los puertorriqueños son ciudadanos[9] de los Estados Unidos, y muchos vienen a este país para buscar un mejor porvenir.[10] Ellos influyen en[11] la lengua, en las costumbres, en la música y en la manera de vivir del país.

    Hoy día, ¿quién puede ignorar[12] la influencia de Cuba, Puerto Rico y los otros países hispanos? Esta influencia se ve especialmente en las grandes ciudades como Nueva York, Chicago y Los Ángeles, con sus barrios y restaurantes hispanos, con sus muchos canales[13] de televisión y estaciones de radio que transmiten programas en español.

[9] citizens
[10] future
[11] influence

[12] be ignorant of

[13] channels

L. Here are some English words of Spanish origin. Can you list others? (If you can't, see page 123.)

  1. junta   5. _____

  2. rodeo   6. _____

  3. mustang   7. _____

  4. _____   8. _____

M. Here are some Spanish words of English origin. Can you add to the list?

  1. béisbol   5. _____

  2. suéter   6. _____

  3. repórter   7. _____

  4. _____   8. _____

N. Answer each question with a complete Spanish sentence.

  1. ¿Qué trajeron los españoles al Nuevo Mundo?

    _____

  2. ¿Qué islas de las Antillas fueron pobladas primero?

    _____

  3. ¿Qué partes de los Estados Unidos fueron partes del imperio español?

    _____

  4. ¿Quién descubrió la Florida?

    _____

  5. ¿Quién fue el primer europeo que navegó en el río Mississippi?

    _____

  6. ¿Cómo se llama la ciudad más vieja de los Estados Unidos?

    _____

  7. ¿Quién fue el padre que ordenó la fundación de las misiones?

    _____

8. ¿Con qué propósito se organizaron las misiones?

   ----

9. ¿Quiénes lucharon para libertar los países suramericanos?

   ----

10. ¿Qué clases de problemas trajo la independencia de los países sureños?

   ----

11. ¿En qué año se terminó definitivamente la dominación española en el Nuevo Mundo?

   ----

12. ¿Qué isla se hizo parte de este país después de la guerra entre España y los Estados Unidos?

   ----

13. ¿Con qué propósito vienen los boricuas a este país?

   ----

14. Además de los puertorriqueños, ¿qué otro grupo hispano influye en la cultura de los Estados Unidos?

   ----

15. ¿Cómo influyen los hispanohablantes en este país?

O. Topics for investigation

1. ¿Quién fue Simón Bolívar?
2. ¿Cuál es el origen del nombre de la Florida?
3. ¿Quién descubrió el Cañón del Colorado y qué le ocurrió allí?
4. ¿Qué fue el Camino Real?
5. ¿Quién fue San Martín?
6. ¿Quién fue Muñoz Marín?
7. ¿Cuál fue la causa de la guerra de 1898 entre España y los Estados Unidos?
8. ¿Quiénes son los líderes del movimiento chicano?

Words of Spanish origin

1. rodeo	11. tango	21. sombrero
2. burro	12. cha-cha-chá	22. bronco
3. chili con carne	13. picador	23. hacienda
4. lasso (from *lazo*)	14. corral	24. chocolate
5. bandido	15. vista	25. poncho
6. amigo	16. banana	26. patio
7. señor	17. Negro	27. plaza
8. mango	18. armada	28. fiesta
9. matador	19. mestizo	29. siesta
10. mambo	20. adobe	

124

11
LA MUJER HISPANA
Y EL HOGAR

Carol y Betty son dos buenas amigas. Tienen la misma edad, y este año van a graduarse en[1] la escuela secundaria. Durante el verano viajarán por la América latina para conocer las costumbres hispanas y practicar su español. Creen que ese viaje será una experiencia de mucho valor[2] porque piensan hacerse trabajadoras sociales[3] y, si todo va bien, trabajarán en una de las comunidades hispanohablantes[4] de los Estados Unidos.

Para conocer mejor la manera de vivir y de pensar de los países de habla española, van a la biblioteca para buscar libros, revistas y periódicos hispanoamericanos. Carol obtiene un libro titulado *La vida española*. Le gusta y se pone a leerlo. Le llama la atención el capítulo acerca de la familia hispana. Entre líneas lee que la mujer española al casarse promete obedecer, ser fiel[5] y respetar a su marido. El esposo promete proteger, socorrer[6] y sostener[7] a su mujer y a los hijos que vendrán.

Sigue leyendo, y en otras líneas aprende que la mujer española tiene como interés central el hogar.[8] Allí se siente reina.[9] Estas ideas le interesan mucho, y quiere discutirlas con su amiga. Al ver que Betty ojea[10] unos periódicos y revistas en una mesa cercana, la llama para conversar al respecto.[11] Betty la escucha, y luego le dice que su profesor de español le ha explicado que la mayoría de los de habla española son católicos, y que, por lo tanto, existe un fuerte culto[12] a la Virgen,[13] la madre de Dios. Su profesor le dijo también que en muchos pueblos de la América latina existen monumentos a la Madre y que, generalmente, éstas representan a la Virgen con el Niño.

Las chicas siguen leyendo libros y revistas. Miran fotos de las ciudades modernas de la América latina y otras fotos de pueblos pequeños. Llegan a comprender que los países de Hispanoamérica, al igual que los demás países del mundo, cambian.[14] Pero parece que a la mujer latina le gusta continuar siendo la reina de la casa. Carol se queda pensando y se pregunta: «¿Trata la mujer hispana de imitar a la Virgen?»

Carol, pensando en su país y en lo que está leyendo, se da cuenta de que la felicidad es algo relativo, y que cada uno trata de conseguirla de una manera diferente. Por lo tanto, si la mujer hispanohablante es feliz en la casa, ella la admira. Pero se pregunta una vez más: «¿Será esto verdad?» Carol comprende que tendrán que viajar para saber la verdad.

[1] be graduated from

[2] very valuable
[3] social workers
[4] Spanish-speaking

[5] faithful
[6] to help
[7] to support

[8] home
[9] queen
[10] is glancing at
[11] about it

[12] worship
[13] the Virgin Mary, mother of Jesus

[14] are changing

EJERCICIOS

A. Choose the correct answer or the best way to complete the sentence.

1. ¿Cuál es la ambición de Carol y Betty?
    a. tener siempre la misma edad
    b. estudiar las artes domésticas
    c. trabajar con los grupos de habla española en los Estados Unidos
    d. viajar por todos los Estados Unidos

2. Para aprender un poco más de las gentes hispanohablantes, las chicas
    a. irán a la universidad
    b. van a leer libros y revistas sobre ellas
    c. irán a España
    d. comprarán unos libros

3. Carol aprende que el interés central de la mujer hispana es
    a. ser independiente
    b. no ser tratada como una reina
    c. sostener a su marido
    d. su familia

4. Betty sabe que los hispanohablantes son en su mayoría
    a. fuertes
    b. amigos de la Virgen
    c. católicos
    d. profesores

5. Leyendo los periódicos y las revistas, las chicas se dan cuenta de que
    a. Hispanoamérica cambia
    b. Hispanoamérica es tradicional
    c. Hispanoamérica es moderna
    d. Hispanoamérica sigue igual

6. ¿Cómo aprenderán la verdad las chicas?
    a. viajando por los países hispanos
    b. leyendo los libros
    c. estudiando en la escuela
    d. siendo trabajadoras sociales

B. Preguntas personales

1. ¿Adónde te gusta ir de viaje?

    _____

2. ¿Qué carrera quieres seguir? ¿Por qué?

    _____

3. ¿Adónde irá tu familia de vacaciones?

    _____

C.　Use each expression in a Spanish sentence.

1.　la misma _____

2.　acerca de _____

3.　al respecto _____

4.　al igual que _____

5.　trata de _____

6.　por lo tanto _____

Grammar: The Future Tense

To form the future tense of *any* verb, add the following endings to the *infinitive*:

-é, -ás, -á, -emos, -éis, -án

hablar:　hablar*é*, hablar*ás*, hablar*á*, etc.　　*I will (shall) speak*, etc.

The following verbs have irregular future *stems*, but the endings remain regular:

decir	*diré*	saber	*sabré*
hacer	*haré*	salir	*saldré*
poder	*podré*	tener	*tendré*
poner	*pondré*	valer	*valdré*
querer	*querré*	venir	*vendré*
haber:　**habrá,*** *there will be*			

*This is the future form of **hay.**　See page 129.

D.　Change the verb to the future tense.

1.　*Tienen* la misma edad.　　　　　_____

2.　*Estudio* en la biblioteca.　　　　_____

3.　*Obtengo* un libro.　　　　　　　_____

4.　*Hay* muchos estudiantes en esa clase.　_____

5.　Susana le *dice* que sí.　　　　　_____

6.　Las dos chicas *trabajan*.　　　　_____

7.　Ellas *ponen* el libro sobre la mesa.　_____

8.　Tú *quieres* ir a Puerto Rico.　　_____

9.　*Podemos* salir temprano.　　　　_____

10.　*Cuenta* la historia a su amiga.　_____

E. Reply to each question by using the future tense, as shown in the model:*

      Teresa escribe, ¿y usted?   *Yo escribiré mañana.*

1. Yo estudio, ¿y tú?   ------------------------------------

2. Ellos están leyendo, ¿y Vds.?   ------------------------------------

3. Yo digo que no, ¿y Paco?   ------------------------------------

4. Yo voy a la biblioteca, ¿y Susana?   ------------------------------------

5. Nosotros salimos ahora, ¿y Vds.?   ------------------------------------

6. Tú te levantas temprano, ¿y Vd.?   ------------------------------------

      ¿Estudiaste ayer?   *No, pero estudiaré mañana.*

7. ¿Hablaste ayer?   ------------------------------------

8. ¿Lo supo Vd. ayer?   ------------------------------------

9. ¿Fuiste a casa ayer?   ------------------------------------

10. ¿Esquiaste ayer?   ------------------------------------

11. ¿Lo hiciste ayer?   ------------------------------------

12. ¿Se despertó Vd. temprano ayer?   ------------------------------------

*This drill may be performed orally in the same way as that described in the instructions to exercise **E** on page 117.

F. The *immediate* future is often expressed by using the present tense of **ir** in the construction **ir a** + *infinitive:* **Voy a estudiar,** *I am going to study.* Change each sentence by replacing this construction with the future tense, as shown in the example.

EXAMPLE: *Van a hablar* mañana.   *Hablarán* mañana.

1. Van a comer a la una.   ------------------------------------

2. Voy a estudiar en la biblioteca.   ------------------------------------

3. ¿Vas a escribir la tarea?   ------------------------------------

4. Voy a jugar al tenis.   ------------------------------------

5. Paco va a salir a las doce.   ------------------------------------

6. Vamos a acostarnos.   ------------------------------------

The future tense is often used to express the belief that something *will probably happen* or *must be the case:*

        —¿Dónde está María?

        —**Estará** en casa.   *She is probably* at home. (*She must be* at home.)

Change each sentence by using the future tense to express probability, as shown in the example.

EXAMPLE: *Probablemente hablan* español.   *Hablarán* español.

7. Probablemente llegan a la una. _____

8. Probablemente vengo después. _____

9. Probablemente lo saben. _____

10. Probablemente es María. _____

11. Probablemente va a casa. _____

12. Probablemente hace el trabajo. _____

13. Probablemente pone la mesa. _____

14. Probablemente no hay nadie allí. _____

The Future Perfect (*Optional*)

The future tense of **haber** (*habré*, *habrás*, *habrá*, etc.) is used in the formation of the future perfect tense: **habré hablado,** *I will have spoken.*

The Spanish future perfect is used chiefly to express the belief that something *has probably happened* or *must have been the case:*

—¿Dónde están los muchachos?

—**Habrán salido** ya.   They have probably left already. (*They must have left* already.)

G. Change each sentence by using the future perfect tense to express probability, as shown in the example.

EXAMPLE: *Probablemente hemos llegado*   *Habremos llegado* temprano.
          temprano.

1. Probablemente ha venido sin María. _____

2. Probablemente he olvidado traer la llave. _____

3. Probablemente no la habéis visto todavía. _____

4. Probablemente has llegado tarde. _____

5. Probablemente no nos han esperado. _____

H. **Tú y yo**

Your teacher will divide the class into groups of two, so that each student is paired with a classmate. Every student asks his partner, "**¿Qué harás mañana?**", repeating the question six times. The partner must give a different answer each time. Then the roles are reversed.

I. Crucigrama. The Future Tense

HORIZONTALES

1. Nosotros (beber) vino.
5. plural de *mi* (adjetivo posesivo)
8. Miguel (abrir) la puerta.
11. Yo (andar) en coche por Madrid.
13. Ella (buscar) el libro que perdió. (invertido)
16. las dos primeras letras de *nada*
17. Los hermanos de mi padre son mis _____.
19. El profesor (ir) a visitar el Escorial.
21. Las madres (criar) a sus hijos con amor. (invertido)
25. Sara Ortega (iniciales)
26. Yo (decir) la verdad al señor. (invertido)
27. Ella (ser) una buena profesora.
29. artículo femenino singular
30. Yo (dar) un paseo.
31. Miguel (ver) bailar a los gitanos.
36. Yo (mostrar) las fotos a los estudiantes.
37. Yo (correr) para llegar a tiempo. (invertido)
38. Tú no (caber) en el coche; ya tiene 6 pasajeros. (**caber** = to fit (into); future stem: **cabr-**)
42. Tú (usar) mi coche.
43. Ustedes (leer) todo el libro.

VERTICALES

1. Vosotros (bajar) a cenar a las 8.
2. nombre de la letra «B»
3. el número 1000 en letras
4. Ella no (saber) el vocabulario.
5. singular de *mis*
6. terminación del verbo *vivir*
7. Tú (saber) leer la lección. (invertido)
9. Yo (recibir) muchas cartas.
10. Miguel (tratar) de llegar temprano.
12. Ella (decir) la verdad.
14. masculino de *una*
15. Nosotros (poner) el libro en la mesa.
18. primera sílaba de *sábado*
20. Vosotros (rodar) por el mundo sin hallar lo que buscáis.
22. consonantes en la palabra *rosa*
23. vocales en el verbo *caer*
24. las dos últimas letras de *gozará*.
28. Vosotros (hacer) bien las cosas.
32. *roca* en francés
33. terminación de *escribirás*
34. (Haber) una corrida de toros en Málaga.
35. terminación de *hablar*
38. las dos primeras letras de *cerrar*
39. Ana Elena (iniciales)
40. consonantes de la palabra española que significa «(he) opens»
41. terminación de *dirigirán*

Topical Vocabulary

Las ocupaciones

el **abogado**
la **abogada** } lawyer

el **actor,** actor

la **actriz,** actress

el **agricultor**
la **agricultora** } farmer

el (la) **artista,** artist

el **boticario**
la **boticaria** } druggist

el **carpintero,** carpenter

el (la) **comerciante,** merchant, businessman (-woman)

el (la) **dentista,** dentist

el **electricista,** electrician

el **enfermero**
la **enfermera** } nurse

el **escritor**
la **escritora** } writer

el (la) **estudiante,** student

el **ingeniero,** engineer

el **mecánico,** mechanic

el **médico**
la **médica** } doctor, physician

el **plomero,** plumber

el **profesor**
la **profesora** } teacher, professor

el **secretario**
la **secretaria** } secretary

J. As you have seen in the list, many Spanish names of *ocupaciones* end in -a for both sexes. Only the article indicates gender; for example, **el** artista or **la** artista.

Here are three more nouns of this type, with their English equivalents. Can *you* add a few?

especialista	specialist
guitarrista	guitarist
pianista	pianist
--------------------	--------------------
--------------------	--------------------
--------------------	--------------------

K. Continue the suggested pattern.

1. *joya* (jewel)   *joyero* (jeweler)

   carta   ----------------------

   mesa   ----------------------

   obra   ----------------------

   marina   ----------------------

   viaje   ----------------------

   mensaje   ----------------------

2. *joya*   *joyero*   *joyería*

   zapato   zapatero   --------------------

   leche   lechero   --------------------

pan	panadero	-------------------
carne	carnicero	-------------------
pelo	peluquero	-------------------

3. *trabajar*   *trabajador*

jugar   -------------------

limpiar   -------------------

comprar   -------------------

vender   -------------------

hablar   -------------------

leer   -------------------

correr   -------------------

saltar   -------------------

subir   -------------------

sufrir   -------------------

L. Continue the development of the following topics.

1. *Mi futuro*

   ¿Qué voy a hacer de mi vida? ¿Voy a ser médico(-a), profesor(-a), abogado(-a), comerciante o agricultor(-a)? ¿Quién lo sabe? Nadie. Pero yo quiero ayudar a las personas.
   Quiero ser ---------------------- porque -----------------------------

   --.

2. *Sueño con los ojos abiertos.*

   Algunas veces sueño con los ojos abiertos. Me veo vestido(-a) de blanco. Trabajo
   de ----------------------. Yo quiero ser ---------------------- porque

   --.

M. Describe the picture on the next page in Spanish.

Review Quiz: The Future Tense

(1) Change each sentence to the future tense.

1. ¿Qué hiciste? _____

2. ¿Cuándo salió usted? _____

3. ¿Cuánto vale? _____

4. Pueden venir. _____

5. Tenemos que irnos. _____

6. Digo la verdad. _____

7. Sabes la lección. _____

8. Se ponen el abrigo. _____

9. ¿Adónde vas? _____

10. ¿Cuándo se levanta usted? _____

(2) **Topical vocabulary.** Answer the following questions:

¿Quién . . .

1. enseña? _____

2. cura a los enfermos? _____

3. vende zapatos? _____

4. escribe a máquina? _____

5. saca los dientes? _____

6. construye una mesa? _____

7. construye un puente? _____

8. vende carne? _____

9. hace negocios?   ----------------------------------

10. trabaja en un hospital?   ----------------------------------

11. defiende a una persona en un tribunal? ----------------------------------

12. compone el coche?   ----------------------------------

13. hace el pan?   ----------------------------------

14. corta el pelo?   ----------------------------------

15. sirve la comida en un restaurante?   ----------------------------------

Experiencia Cultural

En una aldea peruana

Un grupo de estudiantes de la Universidad de Buffalo, en el Estado de Nueva York, fue al Perú para estudiar la cultura india de aquel país. Todos habían aprendido el español antes del viaje. Pasaron un mes como trabajadores sociales en una aldea[1] no muy lejos del Cuzco, capital antigua de los incas. Los habitantes[2] de la aldea hablaban *quechua*, una lengua india. Los jóvenes norteamericanos enseñaban el español, las artes manuales y otras asignaturas[3] a los niños indios. Al final del mes, los trabajadores sociales organizaron una fiesta, e invitaron a todos los padres de los niños. Pensaban distribuir alguna ropa usada entre los padres más pobres de la aldea. Los niños y sus padres fueron a la fiesta pero no aceptaron la ropa. Los norteamericanos no comprendieron por qué los indios no la aceptaron.

                      [1] village
                      [2] inhabitants

                      [3] subjects

¿Cuál de las frases siguientes explica por qué no aceptaron la ropa?

1. A los indios no les gustó el estilo de la ropa.
2. La ropa era usada.
3. Pensaron que la ropa se vendía, y ellos no tenían bastante dinero para comprarla.
4. La oferta[4] ofendió a los padres que la recibieron.

                      [4] offer

Respuesta: La frase #4 ofrece la mejor explicación. Los indios a quienes ofrecieron la ropa no podían aceptarla porque esto expondría[5] su pobreza y los avergonzaría[6] frente a los otros indios. Los estudiantes, al darse cuenta de esto, crearon[7] un método más discreto[8] para distribuir la ropa: fueron de casa en casa, vendiendo la ropa a un precio muy módico[9] o cambiándola por productos indios.

                      [5] would expose
                      [6] would embarrass
                      [7] created
                      [8] tactful
                      [9] moderate

Adaptation

Compose a dialogue based on *En una aldea peruana* in which a person suggests to two American social workers that they go from house to house among the poorest Indians, exchanging clothing for agricultural products or selling the clothes for a minimal price.

Some expressions you can use in the dialogue:

dar ropa a los más pobres

sin cobrar nada (without charging any money)

¿Por qué no aceptaron la ropa?

estaban tan contentos en la fiesta

cobren un precio muy bajo

se pusieron tristes

se fueron sin decir nada

cambien ustedes la ropa por productos

¿Me permiten darles un consejo?

ofende a los indios

12

LA SILLA DE FELIPE II

Miguel decidió probar[1] la máquina de transporte instantáneo. Pensaba que le gustaría ir a Madrid, visitar el Palacio Real y pasearse por el Parque del Buen Retiro.[2] Después, tomaría una merienda[3] en La Puerta del Sol[4] e iría a ver las pinturas de El Greco, de Velázquez y de Goya en el museo del Prado. Entró en la máquina y vio muchos botones.[5] Entre ellos, vio unos que llevaban los nombres «Madrid», «Sevilla», «Toledo», «Ávila», «Granada», «Barcelona», «Segovia». Pero, ¿adónde iría primero? Quería ver el Valle de los Caídos[6] cerca de Madrid, el acueducto de Segovia, la Alhambra de Granada, las murallas[7] de Ávila; quería ver a los gitanos[8] bailar en el Albaicín[9] . . .

Finalmente, decidió que empezaría su viaje con una visita a la capital y sus alrededores. Empujó[10] un botón y, en un abrir y cerrar de ojos,[11] se encontró enfrente de un edificio enorme y severo. Miguel reconoció de inmediato que era el Escorial. Es un edificio construido de granito gris y tan sorprendente que se lo considera la «octava maravilla»[12] del mundo. Para verlo mejor, se dirigió a la roca[13] llamada «la silla de Felipe II» en la que este rey se sentaba para ver cómo iban los trabajos. Miguel se sentó en la roca y desde allí se quedó mirando aquel palacio. Recordó que Felipe II tenía en el Escorial una celda[14] donde pasó los últimos años de su vida. Recordó también que dentro de este enorme edificio existía una famosa biblioteca con manuscritos históricos. Este palacio tenía también debajo del altar mayor un panteón donde están enterrados los reyes de España. La «silla de Felipe» era dura, y era un martirio[15] quedarse sentado allí por mucho tiempo. Miguel se levantó y fue a visitar el interior del edificio.

De repente Miguel oyó un timbre.[16] Pensó en su máquina, pero el ruido de voces altas y de sillas en movimiento le hizo darse cuenta de que la hora de estudio había terminado. Cerró el libro de «Invenciones científicas» en el cual había leído que, en el futuro, se haría una máquina para transportar instantáneamente cosas y personas de un lugar a otro. Miguel se levantó, se estiró,[17] bostezó,[18] se frotó[19] los ojos, salió del aula de estudio[20] y se dirigió a la clase de español.

¡Qué bueno es a veces soñar con los ojos abiertos!

[1] to try out

[2] a park in Madrid more commonly called *El Retiro*

[3] snack

[4] Madrid's main square

[5] buttons

[6] a memorial to those who died in the Spanish Civil War of 1936–39

[7] walls   [8] gypsies

[9] a district in Granada (see page 142)

[10] He pushed

[11] in the twinkling of an eye

[12] eighth wonder

[13] rock

[14] cell

[15] martyrdom

[16] bell

[17] stretched himself

[18] yawned   [19] rubbed

[20] study hall

EJERCICIOS

A. Answer each question with a complete Spanish sentence.

1. ¿Qué país le gustaría a Miguel visitar?

   ----

2. ¿Dónde tomaría la merienda?

   ----

3. ¿Qué vería en el museo del Prado?

   ----

4. ¿Adónde decidió ir para empezar su viaje?

   ----

5. ¿Cómo se llama el edificio considerado la «octava maravilla»?

   ----

6. ¿Qué rey ordenó construirlo?

   ----

7. ¿Qué es la «silla de Felipe II»?

   ----

8. ¿Dónde murió Felipe II?

   ----

9. ¿Qué existe dentro de este enorme edificio?

   ----

10. ¿Dónde estaba realmente Miguel?

    ----

11. ¿Qué libro estaba leyendo?

    ----

12. ¿A qué clase se dirigió después de despertarse?

    ----

13. ¿Quiénes bailan en las cuevas del Albaicín?

    ----

14. ¿Cómo era la silla de Felipe II?

    ----

15. ¿Cómo es el Escorial?

B. Preguntas personales

1. ¿Qué lugares de España te gustaría visitar?

   _____

2. Cuando eras más joven, ¿pensabas que harías un viaje a España?

   _____

3. ¿Sueñas a veces con los ojos abiertos?

   _____

C. Use each expression in a Spanish sentence.

1. en un abrir y cerrar de ojos _____
2. la capital y sus alrededores _____
3. la hora de estudio _____
4. se dirigió a _____
5. soñar con los ojos abiertos _____
6. de inmediato _____

D. Continue the suggested pattern.

Spanish	*English*
capit*al*	capit*al*
anim*al*	anim*al*
music*al*	music*al*
cardin*al*	cardin*al*
leg*al*	leg*al*
_____	_____
_____	_____
_____	_____
_____	_____
_____	_____

Grammar: The Conditional

To form the conditional mood of any verb, add the following endings to the infinitive:

-ía, -ías, -ía, -íamos, -íais, -ían

hablar: hablar*ía*, hablar*ías*, hablar*ía*, etc.   *I would speak*, etc.

Note that the endings of the conditional are the same as those of the imperfect tense of -ER and -IR verbs.

Verbs with irregular stems in the future tense have the same stems in the conditional:

decir	*diría*	saber	*sabría*
hacer	*haría*	salir	*saldría*
poder	*podría*	tener	*tendría*
poner	*pondría*	valer	*valdría*
querer	*querría*	venir	*vendría*
haber:	*habría, there would be*		

E. The 18 rows of squares correspond to the 18 verbs listed on the next page. Fill each row with the letters that spell the form of the conditional that is used with the subject in parentheses. When all the rows are filled, you will find a column of letters containing four words that refer to a famous Spanish structure. Write its name here:

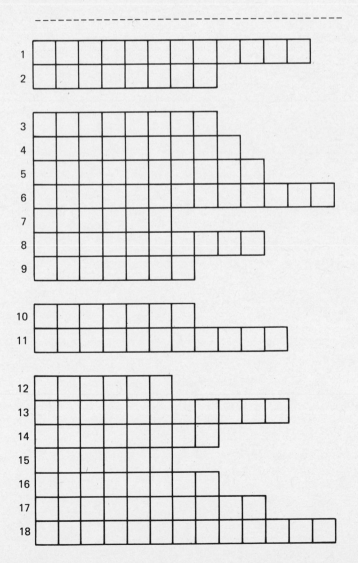

1. (nosotros) limpiar	10. (vosotros) dar
2. (ustedes) abrir	11. (ellas) estudiar
3. (yo) gastar	12. (yo) saber
4. (ella) invitar	13. (tú) entender
5. (ellos) recibir	14. (ustedes) venir
6. (nosotros) almorzar	15. (vosotros) ir
7. (usted) leer	16. (el perro) ladrar
8. (tú) detener	17. (ella) levantar
9. (él) andar	18. (nosotros) aprender

F. Change the verb to the conditional.

1. ¡Cuánto le *gusta* ir a Madrid! _____

2. Juan *querrá* ver el museo del Prado. _____

3. *Hay* muchas personas en la sala. _____

4. *Salgo* de las cuevas del Albaicín. _____

5. Los alumnos *pasaban* el día soñando. _____

6. Adela *cierra* el libro de español. _____

7. Miguel y yo *entramos* en la máquina. _____

8. Yo *comía* en la Puerta del Sol. _____

9. Tú *tendrás* que empujar el botón. _____

10. María *hizo* un viaje imaginario. _____

11. El rey *se sentaba* en esa roca. _____

12. Yo *busqué* a Juan en el aula. _____

G. Change each sentence by replacing the future with the conditional, as shown in the example.

EXAMPLE: Miguel dijo: «Yo estaré listo.»
   Miguel dijo que él estaría listo.

1. Miguel dijo: «Habrá mucha gente allí.»

   _____

2. Miguel dijo: «Escribirán a menudo.»

   _____

3. Miguel dijo: «Visitarás a España.»

   _____

4. Miguel dijo: «Haré lo posible.»

   _____

5. Miguel dijo: «Me gustará viajar.»

   _____

The conditional mood is often used to express the belief that something *probably happened* or *must have been the case*:

   —¿Dónde estaba María entonces?

   —**Estaría** en casa.   *She was probably* at home. (*She must have been* at home.)

Change each sentence by using the conditional to express probability, as shown in the example.

EXAMPLE: *Probablemente llegaron* a las dos.   *Llegarían* a las dos.

   6. Probablemente salieron temprano.   _____

   7. Probablemente vino por la tarde.   _____

   8. Probablemente lo supieron ayer.   _____

   9. Probablemente lo hizo por la mañana.   _____

  10. Probablemente fue al centro.   _____

Geografía

España a primera vista

el **Albaicín**, barrio en Granada. En las laderas rocosas[1] del barrio,   [1] rocky hillsides
   hay cuevas donde vive una comunidad de gitanos.[2]   [2] gypsies
la **Alhambra**, famoso palacio moro en Granada.
Barcelona, puerto principal y ciudad más industrial de España.

Bilbao, ciudad industrial en la región vasca.[3] Es importante por
su industria de acero. En esta región hablan vasco además de
español.

Cervantes, famoso escritor español del siglo 17. Autor de la famosa
novela, *Don Quijote de la Mancha*.

El Cid, Rodrigo Díaz de Vivar, llamado *El Cid*[4] por los moros. Es
el héroe nacional de España. Nació en la ciudad de Burgos durante la Edad Media.[5]

Córdoba, capital de los musulmanes[6] en la Edad Media. Tiene
una famosa mezquita[7] antigua. En nuestros días, nacieron en
Córdoba los célebres matadores «Manolete» y «el Cordobés».

el **Escorial**, enorme palacio construido por el rey Felipe II en el
siglo 17. Tiene una escuela, una biblioteca, un monasterio, y un
panteón[8] de los reyes de España.

Guadarrama, famosa sierra no muy lejos de Madrid donde van a
esquiar los madrileños.

Madrid, capital de España y ciudad más grande del país.

La Mancha, región árida y de tierra roja en el centro de España
que es famosa por sus molinos de viento y sus vinos.

Pamplona, ciudad al norte de España famosa por las fiestas que
tienen lugar cada verano en honor de San Fermín, su santo
patrón.[9] Estas fiestas se celebran con muchas corridas de toros.
Antes de cada corrida, dejan a los toros correr en libertad por
la calle que conduce a la plaza de toros, y muchos jóvenes
atrevidos[10] se exponen a un gran peligro corriendo delante de
ellos.

el **Prado**, famoso museo en Madrid que contiene pinturas de
Velázquez, El Greco, Goya y otros grandes artistas españoles.

el **Retiro**, famoso parque de Madrid. Su nombre completo es el
parque del Buen Retiro.

Salamanca, ciudad donde se encuentra la universidad de
Salamanca—la universidad más vieja de España.

Segovia, ciudad muy vieja al norte de Madrid. Allí está un famoso
acueducto construido por los romanos.

Sevilla, ciudad muy pintoresca situada en Andalucía; es famosa
por sus ferias.[11] Aquí se encuentra *la Giralda*, una hermosa torre
árabe que forma parte de la catedral de Sevilla—la catedral más
grande de España.

el **Tajo**, río más largo de la Península Ibérica.

Toledo, ciudad de aspecto medieval. Fue la antigua capital del
reino de Castilla. Es famosa por sus trabajos de orfebrería[12] y de
acero. Allí vivió El Greco, famoso pintor del siglo 17.

Valencia, gran puerto y ciudad famosa por sus huertas[13] llenas de
naranjos y de flores. Es también famosa por sus *fallas*,[14] que
tienen lugar durante la fiesta de San Juan.

el **Valle de los Caídos**, monumento muy grande cerca de Madrid
que se construyó en memoria de los soldados que murieron en
la Guerra Civil española de 1936–39.

---

[3] Basque

[4] "Lord" in Arabic

[5] Middle Ages
[6] Moslems
[7] mosque

[8] burial place

[9] patron saint

[10] daring

[11] fairs

[12] gold & silver work

[13] orchards
[14] religious celebrations

H. *Matching Test.* For each description on the left, write the letter of the item on the right to which it refers.

_____	1. barrio en Granada	*a.*	El Cid
_____	2. museo en Madrid	*b.*	Cervantes
_____	3. ciudad de aspecto medieval	*c.*	la Alhambra
_____	4. héroe nacional de España	*d.*	Guadarrama
_____	5. palacio moro	*e.*	el Prado
_____	6. ciudad famosa por sus fallas	*f.*	mezquita
_____	7. templo árabe	*g.*	Toledo
_____	8. sierra cerca de Madrid	*h.*	Valencia
_____	9. autor de *Don Quijote de la Mancha*	*i.*	el Retiro
_____	10. famoso parque de Madrid	*j.*	el Albaicín

I. **Buscapalabras.** In the block of letters, find the names of 10 cities of Spain. The words run in all directions: forward, backward, up, down, and diagonally. After you have circled all the names, copy the unused letters and you will find the title of this puzzle.

```
G A I C N E L A V R
A C N A B O D R O C
L N A O D I R D A M
L A N O L P M A P O
I M N D D E E S C A
V A I U D E C A D B
E L E S E S L R P L
S A A Ñ O L A O A I
S S E G O V I A T B
```

J. Read this passage aloud, changing the italicized verbs to the conditional. (Some of the places mentioned in it are described in "España a Primera Vista," pages 142–143.)

LUGARES DE INTERÉS EN ESPAÑA

Me *gusta* visitar a Madrid y ver el museo del Prado, el Retiro y el Escorial. Me *encanta* ver también la Puerta del Sol.[1] Otro día *iré* a ver el Valle de los Caídos. Además, quiero visitar las dos ciudades de influencia mora: Granada y Sevilla. En Granada *me pasearé* por los jardines del Generalife[2] y de la Alhambra, donde *gozaré* de la belleza de las fuentes árabes y

---

[1] Madrid's main square, from which its streets radiate in all directions   [2] a Moorish palace not far from the Alhambra

del famoso Patio de los Leones. En Sevilla *iré* a ver la gran Catedral y *subiré* la Giralda. También *quiero* viajar por la <u>Costa Brava</u>,[3] y *llegaré* hasta Barcelona—donde *visitaré* el <u>templo de la Sagrada Familia</u>[4] y el <u>monasterio de Montserrat</u>.[5]

En todos esos lugares famosos *hablaré* con los españoles, y así *practicaré* la lengua con ellos. Además, comprenderé mejor sus sentimientos y costumbres, porque no *quiero* regresar a casa conociendo solamente los monumentos.

[3] a strip of Spain's northeastern coast famous for its fine beaches and popularity with tourists   [4] a church noted for its unusual architectural design   [5] a famous monastery and religious shrine situated on a cliff northwest of Barcelona

K.   ¡Vamos a charlar!

You and your classmates will interview a member of your class. Everyone takes turns asking him questions of the type mentioned below. He may answer as many questions as he wishes. If he doesn't want to answer a question, he may exchange roles with his questioner by saying, "Tú vas a contestar"—and repeats the question. The student who had originally asked it must reply, and *he* now becomes the person interviewed by the class.

All questions must begin with the expression

> *Si fueras rico(-a),* . . .   (If you were rich, . . .)

All answers must begin with

> *Si yo fuera rico(-a),* . . .   (If I were rich, . . .)

EXAMPLES: Si fueras rico(-a), ¿irías a España?
           Si fueras rico(-a), ¿visitarías a México?

Review Quiz: The Conditional

(1) Change each sentence to the conditional.

1. Visitaré a Puerto Rico. _____
2. Pueden venir. _____
3. ¿Cuánto vale? _____
4. ¿Qué hará? _____
5. Me levantaré a las ocho. _____
6. Nos ponemos el abrigo. _____
7. ¿Adónde vas? _____
8. Vino por la tarde. _____
9. Lo supieron ayer. _____
10. Saldrán temprano. _____

(2) *Matching Test.* To the left of each place-name on the left, write the letter of the item on the right that describes or identifies it.

_ _ _ _ _ _	1.	el Prado
_ _ _ _ _ _	2.	el Retiro
_ _ _ _ _ _	3.	la Alhambra
_ _ _ _ _ _	4.	la Giralda
_ _ _ _ _ _	5.	La Sagrada Familia
_ _ _ _ _ _	6.	Montserrat
_ _ _ _ _ _	7.	el Albaicín
_ _ _ _ _ _	8.	la Puerta del Sol
_ _ _ _ _ _	9.	la Costa Brava
_ _ _ _ _ _	10.	el Escorial

a. monasterio
b. palacio moro
c. parque
d. museo de arte
e. una torre
f. la «Riviera» de España
g. palacio y monasterio donde los reyes de España están enterrados
h. plaza central de Madrid
i. un barrio de Granada
j. iglesia en Barcelona

Experiencia Cultural

Tomando el autobús

Tony y Joe, dos chicos de Boston, están de visita en Madrid. Piensan ir de compras en la ciudad, y *tienen muchas ganas de*[1] practicar el español que han aprendido en la escuela secundaria. Ahora esperan el autobús que los llevará *al centro*.[2] Nunca han tomado un autobús en España. Por fin, llega el «bus».

[1] they are eager to

[2] downtown

TONY: Finalmente el autobús llega. (*El autobús para*[3] *y los dos se acercan a la puerta delantera*.[4])

[3] stops
[4] front door

JOE: ¡Eh! ¿Por qué no abren la puerta? (*Llama a la puerta y el conductor*[5] *la abre*.)

[5] driver

CONDUCTOR (*gritando*): ¡No por aquí, por la puerta de atrás![6] (*Cierra la puerta.*)

[6] back door

TONY (*enojado*): ¿Qué le pasa a ese hombre? Me ha cerrado la puerta en la cara.

JOE: No lo sé, pero dijo algo acerca de la puerta de atrás.

TONY: Mira, la gente está subiendo por la puerta trasera.[7] (*Tony y Joe corren y suben por la puerta trasera; luego, se dirigen hacia el frente del autobús para pagar al conductor.*)

[7] = *puerta de atrás*

COBRADOR[8] (*un señor sentado cerca de la puerta trasera*): ¡Señores! ¡Eh, señores!

[8] fare collector, conductor

TONY (*se detiene y lo mira*): ¿Qué querrá ese hombre?

JOE (*acercándose al cobrador*): ¿Qué desea usted, señor?

COBRADOR: No me han pagado su pasaje. Son cuatro pesetas, por
favor. (*Alarga la mano*[9] *y los jóvenes, sorprendidos, pagan.*)   [9] He extends his hand

JOE (*sentándose*): Imagínate: hay dos personas para operar un bus.

TONY: Y mira que hay sólo seis pasajeros en él.

JOE: Nada de esto nos dijeron en la escuela. (*El autobús llega a la
siguiente parada*[10] *y se detiene.*)   [10] (bus) stop

TONY: Joe, mira, la gente sale por la puerta delantera.

JOE: Aquí las cosas son al revés de lo que son en Boston.

Adaptation

Prepare a conversation about the following situation:

Two American students in Madrid plan to take the bus downtown. They ask their landlady
about the bus fare. She tells them that, since it is Sunday, the fare is fifty *céntimos* more; that is,
it will cost 4.50 pesetas. She also tells them to use the rear door when they enter the bus, and to
pay their fare to the *cobrador*.

Some expressions you can use in the conversation:

Queremos ir al centro. We want to go downtown.
¿Cuánto cuesta el billete? How much does the ticket cost?
¿Dónde para el autobús? Where does the bus stop?
en la esquina, at the corner
Tomen ustedes el autobús F-4. Take bus F-4.
para subir al autobús, to get into the bus
Usen ustedes la puerta de atrás. Use the rear door.
El billete cuesta 4,00* pesetas. The ticket costs four pesetas.
los domingos 4,50, on Sundays (it costs) 4.50
Paguen ustedes al cobrador. Pay the conductor.

*Spanish uses a comma where we use a decimal point.

13

UNA METAMORFOSIS

Al principio, yo vivía en un rollo[1] de toallas de papel[2] que estaba de venta[3] en una tienda de la Florida. Cerca de la tienda había playas y parques. Todos los días tenía el mismo pensamiento: «¡Cuánto me gustaría salir de aquí y ver el mundo que existe fuera de esta tienda!»

Un día llegó a la tienda una familia que tenía tres chicos. Uno de ellos tomó el rollo, lo apretó[4] y lo metió en una canasta donde había muchos comestibles.[5] Luego metieron el rollo y los comestibles en una bolsa de papel[6] y, en los brazos de un señor, salí al sol. Pusieron la bolsa en un coche y, después de varias horas de andar,[7] la familia se detuvo en un lugar con césped[8] y árboles. Sacaron la bolsa del coche y la pusieron sobre una mesa debajo de un árbol.

Después de una hora, más o menos, unas señoras llamaron a comer. Todos se sentaron a la mesa donde había toda clase de comida.[9] De repente, una mano me tomó y de un tirón[10] fui separada del rollo. Luego me doblaron[11] y me colocaron al lado de un señor. Alrededor de la mesa todos estaban comiendo y hablando en español. Conversaban acerca de una isla que era un paraíso, y mencionaron muchos nombres como el de Martí y el de Castro.

De pronto el señor me agarró[12] y se limpió las manos conmigo, enbarrándome[13] de grasa.[14] Luego me echó encima de un plato de papel. Más tarde una señora recogió los platos y las toallas usadas y nos tiró en un latón para basura.[15] ¡Qué mal olía[16] todo eso! Yo estaba arriba pero me dio lástima saber que otras de mis compañeras del rollo estaban más abajo, entre huesos y latas.[17] «¡Cuánto me gustaría salir de aquí!» pensé.

Como respuesta a mi deseo, sopló[18] un viento fuerte, y salí de allí volando. Volé alrededor de un parque y caí cerca de una playa donde mucha gente se bañaba, reía y gozaba del mar. Un señor que limpiaba la playa me recogió y me metió en una bolsa con otros papeles que olían mal. Más tarde me echaron en un camión de basura.[19] El camión se alejó de la playa y siguió un camino que pasaba por muchos campos llenos de naranjos. De repente el camión dio un salto,[20] me caí al suelo y, a causa del viento, volví a volar de aquí y de allá.

Un día estaba a la orilla de un camino. Era un día apacible.[21] De pronto oí voces. Eran chicos de un club ecológico que andaban por las carreteras recogiendo periódicos y papeles dispersos.[22] Me recogieron y me metieron en un camión que me llevó a una fábrica

[1]	roll
[2]	paper towels
[3]	was on sale
[4]	squeezed
[5]	groceries
[6]	paper bag
[7]	riding
[8]	lawn
[9]	food
[10]	with one pull
[11]	they folded
[12]	grabbed
[13]	smearing me
[14]	grease
[15]	garbage pail
[16]	smelled
[17]	cans
[18]	blew
[19]	garbage truck
[20]	bounced
[21]	peaceful
[22]	scattered

llamada «Recycling Paper Company». Me pasaron por una serie de
máquinas y salí completamente limpia.

Estoy ahora en un lugar oscuro. Pero soy feliz porque regreso a
la vida como una cosa diferente y no como una toalla de papel.

EJERCICIOS

A. Choose the correct answer or the best way to complete the sentence.

1. El cuento nos relata las aventuras de
   - *a.* un rollo de toallas
   - *b.* una bolsa de papel
   - *c.* una toalla de papel
   - *d.* unos papeles dispersos

2. El título del cuento es «Una Metamorfosis» porque se trata de algo que
   - *a.* siempre estaba en movimiento
   - *b.* siempre cambiaba de domicilio
   - *c.* por fin recibió lo que deseaba
   - *d.* se transformó en otra cosa

3. ¿Por qué quería salir de la tienda?
   - *a.* Quería ver lo que había afuera.
   - *b.* No le gustaban los clientes.
   - *c.* No le gustaba vivir en un rollo.
   - *d.* No se sentía útil allí.

4. ¿Adónde llevó la familia al rollo?
   - *a.* a una canasta
   - *b.* a un parque
   - *c.* a un lugar oscuro
   - *d.* a una tienda de comestibles

5. ¿De qué hablaba la gente mientras comía?
   - *a.* de la comida
   - *b.* de lo que había en la mesa
   - *c.* de Cuba
   - *d.* del rollo

6. ¿Qué hizo la señora con la toalla de papel?
   - *a.* La echó en un latón para basura.
   - *b.* La embarró de grasa.
   - *c.* La tiró en un camión.
   - *d.* Se limpió las manos con ella.

7. ¿Cómo pudo salir del latón?
   - *a.* Una señora recogió las toallas usadas.
   - *b.* Un señor la agarró.
   - *c.* Alguien sintió lástima por ella.
   - *d.* Un viento se la llevó.

8. ¿Qué vio desde el camión en que andaba?
   - *a.* una playa
   - *b.* muchos naranjos
   - *c.* un parque
   - *d.* nada

9. ¿Qué hicieron los chicos cuando la encontraron?
   - *a.* La tiraron a la orilla de un camino.
   - *b.* La pasaron por una serie de máquinas.
   - *c.* La limpiaron.
   - *d.* La metieron en un camión.

10. ¿Dónde se encontró por fin?
    - *a.* en una fábrica
    - *b.* al lado de una carretera
    - *c.* entre huesos y latas
    - *d.* en una bolsa con otros papeles

B. Preguntas personales

1. ¿En qué clase de parque te gusta pasearte?

2. ¿Por qué metes la basura en latones?

_____

3. ¿Piensas hacer un viaje a Cuba algún día? ¿Por qué?

_____

C. Use each expression in a Spanish sentence.

1. estaba de venta_____

2. ¡Cuánto me gustaría . . . ! _____

3. más o menos _____

4. de repente _____

5. latón para basura _____

6. de aquí y de allá_____

D. Continue the pattern suggested by the following Spanish and English words:

ecolog*í*a	ecolog*y*
sociología	sociology
biología	biology
_____	_____
_____	_____
_____	_____

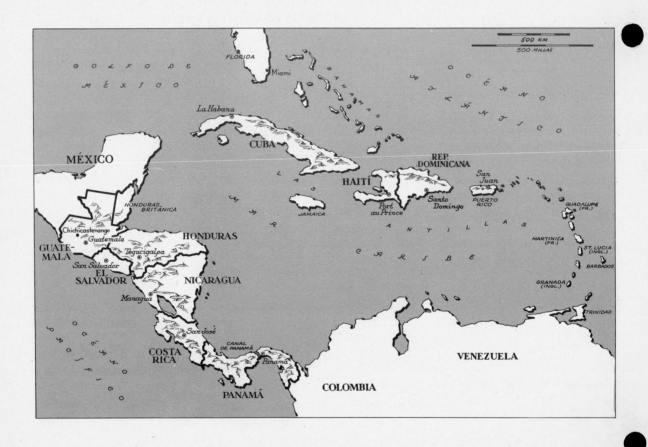

152

Geografía

México, Centroamérica y las islas del Caribe
a primera vista

Acapulco, famosa playa en la república de México que está en la costa del Pacífico y que atrae a muchos turistas.

los **aztecas**, indios muy guerreros que fundaron una gran civilización en la meseta central mexicana.

Balboa, explorador español que cruzó el istmo de Panamá y descubrió el Océano Pacífico.

Cortés, gran conquistador que conquistó el imperio azteca y todo México.

Chapultepec, famoso parque que está en el centro de la ciudad de México.

la ciudad de **Guatemala**, capital de Guatemala. Este país produce y exporta chicle, bananas y maderas.

La **Habana**, capital de la república de Cuba. Este país produce mucho azúcar y tabaco.

Hidalgo, cura mexicano que inició el movimiento de la independencia y la lucha contra España.

Juárez, gran patriota mexicano del siglo 19 que luchó por la eliminación de un gobierno instalado en México por Napoleón III, emperador de Francia.

Managua, capital de Nicaragua. Este país fue la patria del gran poeta Rubén Darío, padre de un movimiento literario llamado «el modernismo».

Martí, gran patriota y poeta cubano.

los **mayas**, indios que fundaron la civilización más grande del continente antes del descubrimiento de América. Su cultura se extendió desde Yucatán hasta el sur de Honduras.

la ciudad de **México**, capital de la república de México. Este país produce plata, petróleo y maíz.

la ciudad de **Panamá**, capital de la república de Panamá. En este país está el canal de Panamá, vía interoceánica que divide al país por el medio.

San José, capital de Costa Rica, país que produce buen café y bananas.

San Salvador, capital de El Salvador—el país más pequeño del continente.

Santo Domingo, capital de la República Dominicana, país que produce azúcar.

Tegucigalpa, capital de la república de Honduras. Este país exporta bananas, café y maderas.

la **Virgen de Guadalupe**, santa patrona de los mexicanos.

los jardines de **Xochimilco**, famosos jardines flotantes cerca de la capital mexicana.

E. *Matching Test*. For each description on the left, write the letter of the item on the right to which it refers.

_____ 1. indios muy guerreros	*a*. Cortés
_____ 2. capital de Costa Rica	*b*. Hidalgo
	c. Managua
_____ 3. conquistador del imperio azteca	*d*. los mayas
_____ 4. santa patrona de los mexicanos	*e*. Martí
	f. Balboa
_____ 5. capital de Honduras	*g*. los aztecas
_____ 6. famoso cura y patriota mexicano	*h*. la Virgen de Guadalupe
_____ 7. capital de Nicaragua	*i*. San José
	j. Tegucigalpa
_____ 8. descubrió el Océano Pacífico	
_____ 9. gran patriota y poeta cubano	
_____ 10. indios que fundaron una gran civilización entre Honduras y el Yucatán	

F. **Buscapalabras.** In the block of letters, find the names of some cities and countries appearing in the map on page 152. (There are 10 words in all.) The words run in all directions: forward, backward, up, down, and diagonally. After you have circled all the words, copy the unused letters and you will find a fact you should know.

```
G  P  O  U  E  R  T  O  N
U  R  I  C  C  O  E  I  S
A  S  T  A  X  E  C  O  A
T  A  N  A  B  A  H  C  R
E  N  E  M  R  L  T  I  U
M  A  N  A  G  U  A  X  D
A  C  G  N  A  R  B  E  N
L  U  I  A  B  E  U  M  O
A  C  A  P  U  L  C  O  H
```

Review Quiz: Round-Up of Verb Forms

Identify the verb form in each sentence by writing, in the blank on the left, the letter of its tense or mood as given in the key below. To the right of each sentence, write the verb in the form indicated in parentheses, using the same subject.

Key: *a* = present tense   *e* = pluperfect
     b = preterite   *f* = command
     c = imperfect   *g* = future
     d = present perfect   *h* = conditional

EXAMPLES: __*a*__ Yo *hablo* con Teresa.   (*c*) ____*Yo hablaba*____

            __*f*__ *Hable* usted con él.   (*a*) ____*Usted habla*____

_____   1. *Oigo* unas voces.   (*d*) _____

_____   2. Él lo *había tomado*.   (*b*) _____

_____   3. Todos *iban* allá.   (*h*) _____

_____   4. *Tendré* que volver.   (*a*) _____

_____   5. Ustedes *han venido*.   (*f*) _____

_____   6. Me *gustaría* jugar al tenis.   (*c*) _____

_____   7. No *pude* leerlo.   (*g*) _____

_____   8. *Vaya* usted con ellos.   (*e*) _____

_____   9. Ellos *se habían acostado*.   (*a*) _____

_____   10. *Vinieron* a las ocho.   (*h*) _____

_____   11. *Salga* usted ahora.   (*g*) _____

------ 12. *¿Escribíais* a vuestros amigos?　　(*d*) -----------------------------

------ 13. *He tomado* el almuerzo.　　(*c*) ---------------------------

------ 14. *Ponemos* la mesa.　　(*b*) --------------------------

------ 15. *Voy* a la farmacia.　　(*b*) ---------------------------

------ 16. Ellos *llevarían* los paquetes.　　(*e*) ----------------------------

------ 17. Ustedes *se van*.　　(*f*) ---------------------------

------ 18. Lo *sabrás*.　　(*b*) ---------------------------

------ 19. Ya lo *verán*.　　(*d*) --------------------------

------ 20. Ustedes *vieron* las películas.　　(*f*) -----------------------------

Topical Vocabulary

Una excursión

la **excursión**, excursion, outing
la **cesta de merienda**, picnic basket
el **emparedado**, sandwich
algunas frutas, some fruit
la **bebida**, drink, beverage
el **plato de papel**, paper plate
el **mantel**, tablecloth
la **toalla de baño**, bath towel
el **traje de baño**, swimsuit, bathing suit
el **radio**, radio set
las **gafas para el sol**, sunglasses

la **loción**, lotion
la **quemadura de sol**, sunburn
quemarse al sol, to get sunburned
el **bote**, (small) boat
alquilar un bote, to rent a boat
ir de pesca, to go fishing
los **avíos de pescar**, fishing gear
hacer una jira al campo ⎫
merendar (ie) en el campo ⎬ to go on a picnic
la **jira campestre**, picnic

H. Ask a classmate the following questions. After he answers them, reverse the roles.

1. ¿Qué clases de emparedados te gustan más?
2. Cuando vas a la playa, ¿qué llevas contigo?
3. ¿Adónde van ustedes de excursión?
4. ¿Por qué alquilas un bote?
5. Cuando tienes los brazos quemados por el sol, ¿qué te pones?
6. ¿Llevas gafas para el sol cuando hay mucho sol?
7. ¿Qué bebidas te gustan más?
8. ¿Qué llevas tú en una cesta de merienda?
9. ¿Qué haces los sábados?
10. ¿Te gusta merendar en el campo?

I. Describe in Spanish the picture on page 148.

J.   ¡Vamos a charlar!

You and your classmates will interview a member of your class. Everyone takes turns asking him questions of the type mentioned below. He may answer as many questions as he wishes. If he doesn't want to answer a question, he may exchange roles with his questioner by saying, "Tú vas a contestar"—and repeats the question. The student who had originally asked it must reply, and *he* now becomes the person interviewed by the class.

All questions must begin with: *Durante el verano, ¿ . . . . ?*

EXAMPLES: Durante el verano, ¿te gusta ir a la playa?
Durante el verano, ¿vas a la escuela?

Experiencia Cultural

En Chapultepec

Joyce, Marsha y Peggy, tres chicas de Chicago, pasan sus vacaciones de verano en México. Un día de sol y mucho calor, deciden dar un paseo por el parque de Chapultepec[1] y tomar el sol allí. Cada muchacha lleva el traje de baño debajo del traje de calle.[2] En un sitio asoleado,[3] tienden[4] sus mantas[5] en la hierba,[6] se quitan la blusa y los pantalones y se echan al suelo para tostarse.[7] Un policía, al verlas, se acerca a ellas.

[1] a park in Mexico City
[2] street clothes
[3] sunny   [4] they spread
[5] blankets   [6] grass
[7] to get suntanned

POLICÍA: Buenos días, señoritas.

MUCHACHAS: Buenos días.

POLICÍA: Quiero saber qué hacen ustedes aquí en trajes de baño.

MUCHACHAS (*sorprendidas*):   Estamos tomando el sol.

POLICÍA: Pero señoritas, esto es un parque y no una playa.

JOYCE: ¿Está prohibido llevar traje de baño en los parques mexicanos?

POLICÍA: Exactamente. Vds. pueden ver que no hay aquí ni piscina ni lago, y la gente viene aquí solamente a pasearse. ¡Aquí no se toma el sol en «biquini»!

MUCHACHAS (*se miran sorprendidas*):   ¡Oh! Lo sentimos. No conocemos todavía las costumbres aquí. (*Las muchachas se visten, recogen las mantas y se van.*)

POLICÍA (*sonriendo*):   ¡Qué gringas[8] tan bonitas!

[8] Americans

Adaptation

Prepare a conversation about the following situation:

Two young Mexicans, Paco and Juan, are watching three American girls who are sunbathing in Chapultepec Park. They make some comments.

Some expressions you can use in the conversation:

Serán norteamericanas.
Deben de ser norteamericanas. } They must be Americans.
es costumbre, it is customary
¡Qué bonitas son!, How pretty they are!
tomar el sol, to sunbathe, to "get some sun"
viene* un agente de policía, a policeman comes (is coming)

*The verbs **ir** and **venir** are not used in the present progressive. For example, *they are coming* = **vienen** (never "están viniendo").

K. Para conversar

The following announcement is posted in one of the rooms of the Posada Arcadia, a hotel in Mexico City:

El número de su cuarto es ____*5*____. El precio, que incluye un desayuno completo, es de __*250*___ pesos por ____*1*____ persona(s) diariamente. Con la excepción del servicio, todas las otras cuentas[1] (del bar, restaurante, lavandería,[2] etc.) se suman en su relación,[3] y se le da a Ud. un informe[4] de todo al terminar su visita o al fin de cada siete días. Favor de dejar las propinas[5] en la oficina para la distribución justa.

[1] bills
[2] laundry
[3] are added to your account
[4] report
[5] tips

HORAS DE COMIDA:

Desayuno	8:00–11:00
Comida	1:00– 3:30
Cena	7:00– 8:15

No hay servicio de garage después de las 22:00* horas. Los cuartos deben estar vacantes a las 2:00 p.m. el día de salida.
    No se admiten perros.

LA POSADA ARCADIA

*This way of writing clock-time is based on the 24-hour clock. Note that the abbreviations "a.m." and "p.m." are not used in this system. 22:00 = 10:00 p.m.

Prepare a Spanish dialogue between two girls, Linda and Susana, who are discussing the services offered at the hotel.

14
EL PUENTE DE AMISTAD

Carol estaba con sus padres en el aeropuerto Internacional de Miami esperando su vuelo.[1] Iba a Quito, capital del Ecuador, como estudiante de intercambio[2] por dos meses. En su cara se notaba una preocupación. Había estudiado el español con mucho interés, y ahora quería conocer a Sudamérica. Sin embargo,[3] tenía miedo de no poder entender el español hablado o hacerse entender, ya que su profesora cubana le había dicho que encontraría ciertas diferencias regionales en la pronunciación, la entonación y en la manera de expresarse. Se dijo: «¡Ojalá que no tenga[4] problema!»

De pronto llamaron por el altoparlante:[5] «Pasajeros del vuelo 550 con destino a Buenos Aires y con paradas en Panamá, Bogotá, Quito y Lima, favor de abordar el vuelo por la puerta de salida número 15.»

Aquel aviso[6] lo dijeron primero en español, luego en inglés. Carol comprendió bastante bien las direcciones en español. Abrazó a sus padres y, con una cara asustada,[7] se despidió. Subió al avión y tomó asiento al lado de una ventanilla. Desde allí volvió a decirles adiós a sus familiares.

Durante el vuelo se fijó en[8] que a su lado había dos jóvenes que conversaban en español. Esto le interesó, y prestó atención para ver si podría comprender lo que decían. No tuvo dificultad porque los jóvenes estaban hablando en voz alta. Entendió que eran estudiantes de intercambio y que regresaban a sus patrias. Esto le interesó mucho, y, con el propósito de practicar el idioma, decidió presentarse. Les dijo que ella también era estudiante de intercambio y que pasaría dos meses en el Ecuador. Uno de los jóvenes era peruano y el otro era argentino. Carol les pidió que hablaran[9] más despacio, y notó que los dos hablaban con acentos y pronunciaciones un poco diferentes. Sin embargo, no tenían dificultad en comprenderse. Más tarde otros dos jóvenes, una peruana y el otro colombiano, se unieron al grupo. Todos hablaban con una entonación musical agradable.[10] Se habían hecho amigos durante el viaje a los Estados Unidos.

Al principio, fue difícil para Carol comprenderlos, pero a medida que[11] pasaba el tiempo empezó a entender más de lo que hablaban. Esto la animó,[12] y sin miedo participó en la conversación.

Al fin del viaje, Carol pensó: «Todos son de diferentes países, todos tienen un acento propio, pero les une[13] una lengua, el español, que ha roto las divisiones territoriales y ha construido puentes de amistad.» Y al ver que ella podía comunicarse en otra lengua, Carol se sintió feliz.

[1] flight
[2] exchange student
[3] However
[4] I hope I don't have
[5] loudspeaker
[6] announcement
[7] scared
[8] she noticed
[9] asked them to speak
[10] pleasant
[11] as
[12] encouraged
[13] unites

EJERCICIOS

A. Answer each question with a complete Spanish sentence.

1. ¿Adónde iba Carol?

   _____

2. ¿Cuál era el interés de la muchacha?

   _____

3. ¿Por qué tenía miedo?

   _____

4. ¿Cuál era la puerta de salida por la cual tenía que abordar el avión?

   _____

5. ¿Cómo se sentía Carol al despedirse?

   _____

6. ¿Quiénes eran sus compañeros de asiento?

   _____

7. ¿Cómo conversaban estos jóvenes?

   _____

8. ¿Qué les pidió Carol a ellos?

   _____

9. ¿Qué diferencia había entre el español que hablaba el peruano y el español del argentino?

   _____

10. ¿Por qué tiene el cuento el título de «El puente de amistad»?

    _____

B. Preguntas personales

1. ¿Te gustaría ser estudiante de intercambio? ¿Por qué?

   _____

2. ¿Qué prefieres: viajar por mar, por tierra o por aire?

   _____

C. Use each expression in a Spanish sentence.

1. sin embargo _____

2. presta atención _____

3. no tiene dificultad en _____

4. a su lado _____

5. en voz alta _____

6. al principio _____

7. se siente feliz _____

Nouns and Adjectives of Nationality

English and Spanish use different kinds of suffixes to form nouns and adjectives of nationality, yet, as shown in the following columns, many of them fall into distinct patterns of equivalencies. Complete the middle column with the correct forms of the missing adjectives.

COUNTRY	SPANISH	ENGLISH
	-ano (-ana)	*-(i) an*
América	americano, -a	American
Bolivia	boliviano, -a	Bolivian
Colombia	_____	Colombian
Cuba	_____	Cuban
México	_____	Mexican
el Perú	_____	Peruvian
República Dominicana	_____	Dominican
	-eño (-eña)	*-(i) an*
Honduras	hondureño, -a	Honduran
El Salvador	_____	Salvadorian
Panamá	_____	Panamanian
	-ense	*-(i) an*
Costa Rica	costarricense	Costa Rican
Nicaragua	nicaragüense	Nicaraguan
	-ayo (-aya)	*-ayan*
el Paraguay	paraguayo, -a	Paraguayan
el Uruguay	_____	Uruguayan
	-ino (-ina)	
la Argentina	argentino, -a	Argentinean, Argentine
las Filipinas	_____	Filipino

The following do not conform to any pattern:

COUNTRY	SPANISH	ENGLISH
Chile	chileno, -a	Chilean
Guatemala	guatemalteco, -a	Guatemalan
el Ecuador	ecuatoriano, -a	Ecuadorian
Puerto Rico	puertorriqueño, -a	Puerto Rican
Venezuela	venezolano, -a	Venezuelan

D. Complete each sentence with a noun or adjective of nationality.

1. Los habitantes de Chile se llaman _____ .

2. Madrid es la capital de los _____ .

3. La señora Sánchez es de Cuba; es decir, ella es _____ .

4. Los señores García nacieron en Guatemala; son _____ .

5. «Señoritas, ¿son Vds. del Perú?» «Sí, somos _____ .»

6. Los _____ viven en Venezuela.

7. Les gusta a muchos _____ pasearse en el parque de Chapultepec.

8. Los borinqueños se llaman también _____ .

9. Un _____ es un habitante de Panamá.

10. Aquellas damas son _____ ; son de Costa Rica.

11. La capital de los _____ es Montevideo.

12. Nicaragua es la patria de los _____ .

13. Los _____ fabrican los «Panama hats.»

14. Los gauchos que viven en la pampa son _____ .

15. Santo Domingo es la capital de los _____ .

Review Quiz: Round-Up of Tenses

(1) Using the indicated subject, write each verb in the following tenses: (*a*) the present, (*b*) the preterite, (*c*) the imperfect, (*d*) the present perfect, (*e*) the pluperfect, and (*f*) the future.

1. seguir (él)

   a. _____   *b.* _____   *c.* _____

   d. _____   *e.* _____   *f.* _____

2. tener (yo)

   a. _____   *b.* _____   *c.* _____

   d. _____   *e.* _____   *f.* _____

3. decir (tú)

a. _____ b. _____ c. _____

d. _____ e. _____ f. _____

4. ir (nosotros)

a. _____ b. _____ c. _____

d. _____ e. _____ f. _____

5. traer (ellos)

a. _____ b. _____ c. _____

d. _____ e. _____ f. _____

6. poner (yo)

a. _____ b. _____ c. _____

d. _____ e. _____ f. _____

7. cerrar (ella)

a. _____ b. _____ c. _____

d. _____ e. _____ f. _____

8. andar (usted)

a. _____ b. _____ c. _____

d. _____ e. _____ f. _____

9. hacer (ustedes)

a. _____ b. _____ c. _____

d. _____ e. _____ f. _____

10. sentarse (tú)

a. _____ b. _____ c. _____

d. _____ e. _____ f. _____

(2) Write the singular command form (example: **hable usted**) of each of the ten verbs listed in part (1) of this Quiz.

1. _____   6. _____

2. _____   7. _____

3. _____   8. _____

4. _____   9. _____

5. _____   10. _____

Topical Vocabulary

Medios de transporte

el **autobús**
el **camión** (*in Mexico only*) } bus
la **guagua** (*in Cuba and Puerto Rico only*) }

el **automóvil** (el **auto**)
el **coche** } car, automobile
el **carro** (*common in Spanish America*) }

el **avión a chorro**, jet plane
  avión de hélices, propeller ("prop") plane

el **barco**, boat, ship
  el **bote**, small boat

la **bicicleta**, bicycle

el **camión**, truck

la **motocicleta** (la **moto**), motorcycle
la **motoneta** (la **moto**), motor scooter

el **subterráneo** } subway
el **metro** }

el **tren**, train

por avión, by airplane
por barco, by boat
por tren, by train

en autobús, by bus
en bicicleta, by bicycle
en coche, by car
en taxi, by taxi

en la moto } by motorcycle
          } by motor scooter

a pie, on foot
a caballo, on horseback

E. Ask a classmate the following questions. After he answers them, reverse the roles.

1. ¿Qué medio de transporte te gusta más? ¿Por qué?
2. ¿Cómo vienes a la escuela?
3. ¿Cómo harías un viaje a través del mar?
4. ¿Qué medio de transporte tomarías para ir a México? ¿Por qué?
5. ¿Qué ciudades del mundo hispánico tienen subterráneos?
6. Cuando vas al centro, ¿prefieres tomar el metro o ir en autobús? ¿Por qué?
7. ¿Qué clase de avión se usa más hoy día?
8. ¿Qué te gusta más: andar a caballo o andar a pie?
9. ¿Viajas muchas veces en bicicleta? ¿Adónde?
10. ¿Te permitirían tus padres ir a la escuela en motocicleta?

F. Describe in Spanish the picture on page 158.

Experiencia Cultural

Un paseo en San Juan

Marcia, una muchacha de Boston, está pasando el verano en San Juan de Puerto Rico. Para mejorar[1] su español, está siguiendo un curso[2] que les ofrece la Universidad de Puerto Rico a estudiantes de habla inglesa. Como parte del programa, tiene que vivir con una familia boricua.[3] Marcia está viviendo ahora en casa de los Sandoval. En esa familia, hay tres hermanas: una mayor, una de su edad y la tercera menor que ella. Una tarde las hermanas la invitan a dar un paseo con ellas. Quieren enseñarle el viejo San Juan y el barrio de El Fanguito.[4] Mientras caminan por la avenida, Marcia nota que las hermanas caminan con los brazos entrelazados.[5] La chica se sorprende de esto. La sorprenden aún más cuando la invitan a hacer lo mismo. Marcia se pregunta: «¿Por qué caminan así?»

[1] improve
[2] she's taking a course
[3] Puerto Rican
[4] a picturesque slum
[5] arm in arm

¿Cuál es la mejor respuesta a la pregunta de Marcia?

1. Hay mucha gente y las chicas no quieren perderse.
2. Las hermanas son muy jóvenes e inseguras.[6]
3. Las tres hermanas quieren hacerse amigas de Marcia.
4. En los países de habla española, las muchachas muchas veces se pasean con los brazos entrelazados como gesto de cariño y de amistad.

[6] insecure

(*La respuesta correcta es #4.*)

Adaptation

Compose a conversation in which a friend explains to Isabel, an American student in San José, Costa Rica, that it is quite common for young women to walk down the street arm in arm; it is a sign of friendship and solidarity.

Some expressions you can use in the conversation:

dar un paseo, to go for a walk
los brazos entrelazados, arm in arm
buenas amigas, good (girl) friends
vi a unas muchachas, I saw some girls
una cosa extraña, a strange thing
andaban lentamente, (they) were walking
   slowly

miraban los escaparates, (they) were looking
   at the show windows
es muy común, it is very common
Yo quisiera hacerte una pregunta. I'd like to
   ask you a question.

VOCABULARY

Note: Nouns ending in **-o** or **-ón** are masculine, those ending in **-a**, **-ad**, or **-ión** are feminine. In all other cases, gender is indicated by the usual symbols, *m* and *f*.

Changes in the stem vowels of certain verbs are indicated in parentheses. The stem change in the present tense is given first, followed by the change (if any) in the preterite stem. Example: **morir (ue, u).**

abajo, below, down, downstairs
abogado, lawyer
abordar, to board
abrazar, to embrace
abrigo, overcoat
abril, April
abrir, to open
acento, accent
acera, sidewalk
acerca de, about, concerning
acercarse, to approach
acompañar, to accompany
acordarse (de), to remember
acostarse (ue), to go to bed; to lie down
acuerdo, agreement; **ponerse de acuerdo,** to come to an agreement
adelante, forward; **de ahora en adelante,** from now on
además (de), besides, in addition (to), moreover
admirar, to admire
¿adónde? = ¿a dónde?
adquirir (ie, i), to acquire
afuera, outside
afueras, *f. pl.,* outskirts, suburbs
agarrar, to grab, to grasp, to take hold of
agente, *m.,* agent, policeman
agosto, August
agregar, to add
agricultor, -ra, farmer, farm worker
agua, water
ahora, now

aire, *m.,* air; **al aire libre,** outdoors, in the open air
álamo, poplar (tree)
alcalde, *m.,* mayor
alcoba, bedroom
aldea, village
alegrarse (de), to be glad (of, about)
alegre, merry, gay, happy
alegría: con alegría, happily, joyfully
alfombra, carpet
algo, something; somewhat
algún, alguno, -a, some
alimento, food
aliviar, to relieve, to alleviate
almacén, *m.,* department store
almorzar (ue), to have lunch
almuerzo, lunch; **tomar el almuerzo,** to have (eat) lunch
alquilar, to rent
alrededor (de), around; *pl.,* surroundings, outskirts
alterar, to alter
alto, -a, high, tall; **en voz alta,** aloud
altoparlante, *m.,* loudspeaker
altura, height
alumno, -a, pupil, student
amable, kind
amanecer, *m.,* dawn
amar, to love
amarillo, -a, yellow
amigo, -a, friend
amistad, friendship
amor, *m.,* love
andar, to walk, to go
angosto, -a, narrow

anoche, last night
anterior, preceding, former
antes de, before
antiguo, -a, ancient
anunciar, to announce
añadir, to add
año, year; **el año pasado,** last year
apenas, hardly, scarcely
apio, celery
aprender, to learn
apretar (ie), to squeeze
aprisionar, to imprison
aquel, aquella, that; **aquellos, -as,** those
aquí, here
arar, to plow
árbol, *m.,* tree
arce, *m.,* maple tree
archipiélago, archipelago
argentino, -a, Argentinian
árido, -a, arid, dry
armario, clothes closet
arriba, above, up, upstairs
arroz, *m.,* rice
arte, *m. & f.,* art
así, in that way, thus
asiento, seat
asistir a, to attend
asombrar, to astonish, to amaze
asustar, to frighten
atención, attention
atento, -a, attentive
atlético, -a, athletic
atrás, back, rear; **hacia atrás,** backwards
atravesar (ie), to cross, to pass through

aullar, to howl
aunque, although
ausencia, absence
autobús, *m.,* bus
automóvil, *m.,* automobile
avión, *m.,* airplane; **avión a chorro,** jet plane
avíos, *m. pl.,* equipment, tools; **avíos de pescar,** fishing tackle
aviso, notice, warning
ayer, yesterday
ayuda, aid, help
ayudar, to help
azúcar, *m.,* sugar
azul, blue

bailar, to dance
baile, *m.,* dance
bajar (de), to go down; to get out of (*a vehicle*)
bajo, under
balar, to bleat
balompié, *m.,* soccer
baloncesto, basketball
banco, bench; bank
bañar(se), to bathe (oneself)
baño, bath; **cuarto de baño,** bathroom
barato, -a, cheap
barco, ship, boat
barrio, ward, quarter, neighborhood
bastante, enough; quite, rather
basura, refuse, litter, garbage
baúl, *m.,* trunk
beber, to drink
bebida, drink, beverage
belleza, beauty
bello, -a, beautiful
biblioteca, library
bicicleta, bicycle
bien, well
bistec, *m.,* beefsteak
blanco, -a, white
blusa, blouse
boca, mouth
boicoteo, boycott
bola, ball; **que corra la bola,** let's pass the ball
boliche, *m.,* bowling; bowling alley
bolos: jugar a los bolos, to bowl, to go bowling

bolsa, bag, handbag, purse
bolsillo, pocket
bomba, pump; bomb
boricua, *m. & f.,* Puerto Rican
borinqueño, -a, Puerto Rican
bosque, *m.,* forest, woods
bostezar, to yawn
bota, boot
bote, *m.,* boat; **bote de remos,** rowboat
botica, drugstore
boticario, -a, druggist
botón, button
boxeo, boxing
bramar, to bellow
brazo, arm
broma, joke
buen, bueno, -a, good
bulla, noise
burro, donkey
buscar, to look for
butaca, armchair

caballo, horse
caber (*yo* form, present tense: **quepo;** preterite stem: **cup-;** future stem: **cabr-**), to fit (into); **no cabrá en el baúl,** it won't fit in the trunk; **no cupimos en el coche,** there was no room for us in the car
cabeza, head
cacarear, to cackle, to crow
cadena, chain
caer, to fall; **caerse,** to fall down
café, *m.,* coffee; cafe
cafetería, cafeteria
calcetín, *m.,* sock
calefacción, heat, heating
calmar, to calm
calor, *m.,* heat; **hace calor,** it's warm (*weather*); **tengo calor,** I'm warm
calle, *f.,* street
cama, bed
cambiar, to change
cambio: en cambio, on the other hand
caminar, to walk, to go
camino, road
camión, *m.,* truck; (*Mexico*) bus

camisa, shirt
campesino, -a, farmer, peasant, country dweller
campo, country (*as contrasted with city*); field
canario, canary
canasta, hamper, basket
canción, song
cancha, field, playground, tennis court
cansado: estar cansado, -a, to be tired
cantar, to sing
cantidad, quantity, amount
capitán, *m.,* captain
capó, hood of car
cara, face
cárcel, *f.,* jail, prison
cargar, to load
Caribe, *m.,* Caribbean
carnero, sheep, mutton
carnicero, -a, butcher
caro, -a, dear, expensive
carpintero, carpenter
carrera, career, profession; race
carretera, highway
carta, letter
cartera, briefcase; wallet
casa, house
casarse (con), to marry, to get married (to)
cascada, cascade, waterfall
casi, almost
castaño, -a, (*hair*) brown, chestnut-colored; (*eyes*) hazel
catarata, waterfall
catarro: tener un catarro, to have a cold
causar, to cause
celda, cell
celebrar, to celebrate
célebre, famous
cementerio, cemetery
cena, supper; **tomar la cena,** to have (eat) supper
cenar, to have supper
centro, center, downtown
cepillar, to brush; **cepillarse los dientes,** to brush one's teeth
cepillo, brush
cerca (de), near
cercano, -a, nearby
cerebro, brain

cereza, cherry
cerrar (ie), to close
cerro, hill, hilltop
cerveza, beer
césped, *m.*, lawn
cesta, basket
ciencia, science
cilindro, cylinder
cine, *m.*, movies, movie theater; ir al cine, to go to the movies
cinturón, belt
cita, date, appointment
ciudad, city
clase, *f.*, class; kind
clavel, *m.*, carnation
cliente, *m. & f.*, customer
cocina, kitchen
cocinar, to cook
cocinero, -a, cook
coctel, *m.*, cocktail
coche, *m.*, car; coche deportivo, sports car
coger, to seize, to catch
cola, tail
coliflor, *f.*, cauliflower
colina, hill
colocar, to place
color, *m.*, color
comedor, *m.*, dining room
comer, to eat
comerciante, *m. & f.*, merchant
comestibles, *m. pl.*, food, groceries; tienda de comestibles, grocery store
comida, food; meal; dinner
¿cómo? how? como, as, like
comodidad, comfort, convenience
cómodo, -a, comfortable
compañero, -a, companion
componer, to compose; to fix, to repair
comportamiento, behavior, conduct
comprador, -ra, buyer
comprar, to buy
compras: ir de compras, to go shopping
comprender, to understand
común, common
con, with
condición, condition
conducir, to drive; to lead

conductor, -ra, driver
confite, *m.*, (piece of) candy
conmigo, with me
conocer, to know; to make the acquaintance of, to meet (*for the first time*)
conocido, -a, acquaintance; familiar, known
conseguir (i), to get, to obtain; to succeed in
consejo, (piece of) advice
considerar, to consider
consigo, with him(self), with her(self), with you (yourself), with them(selves)
consistir en, to consist of
construir, to build, to construct
consultar, to consult
contaminación, contamination, pollution
contaminar, to contaminate, to pollute
contar (ue), to count; to tell, to narrate
contento, -a, contented, glad, happy
contestar, to answer
conversar, to converse
copa, (wine)glass
corazón, heart
corbata, necktie
cordero, lamb
correr, to run
corrida (de toros), bullfight
cortar, to cut
cortés, courteous
cortina, curtain
cosa, thing
cosechero, -a, (grape) picker
costa, coast
costar (ue), to cost
costumbre, *f.*, custom, habit
crear, to create
crecer, to grow
creer, to believe
criar, to bring up, to raise
crimen, *m.*, crime
cruzar, to cross
cuadra, city block
¿cuál? ¿cuáles? which? what? which one(s)?
cualidad, quality
cualquier. -ra, any, whatever
cuando, when

cuarto, room; fourth; cuarto de baño, bathroom
cubierto, table setting for one person (*knife, fork, spoon, napkin, wineglass, etc.*)
cuchara, tablespoon
cucharilla, teaspoon
cuchillo, knife
cuello, neck
cuenta: darse cuenta (de), to realize, to become aware (of)
cuento, story
cuerda, cord
cuerpo, body
cuidar (a or de), to take care (of)
culto, worship, cult
cumpleaños, *m. sing.*, birthday
curiosidad, curiosity

chanclo, overshoe, rubber
chaqueta, jacket
charlar, to talk, to chat
chico, -a, child; *m.*, boy; *f.*, girl
chispa, spark
chocar, to annoy, to shock, to irritate
chorro, jet; avión a chorro, jet plane

dama, lady
dañar, to damage, to spoil
dar, to give; dar un paseo, to take a walk (ride); darse cuenta de, to realize, to become aware of
debajo (de), below, underneath
deber, should, ought to, to be supposed to: debes venir temprano, you should (are supposed to) come early; el espectáculo debe empezar a las 2:00, the show is supposed to begin at 2:00; deber de, probably, must: deben de ser turistas, they must be (are probably) tourists
decir, to say, to tell
dedicar(se), to dedicate, to devote (oneself)
dedo, finger
defender (ie), to defend
demás: los (las) demás, the others, the rest (of them)

demasiado, -a, too much; **demasiados, -as,** too many
dentista, *m. & f.,* dentist
dentro (de), inside
deporte, *m.,* sport
derecho, -a, right; **a la derecha,** to (at) the right
derecho: siga derecho, go straight ahead
desaparecer, to disappear
desarrollar, to develop
desarrollo, development
desayunarse, to have breakfast
desayuno, breakfast; **tomar el desayuno,** to have (eat) breakfast
descansar, to rest
descubrir, to discover
desde, from, since
desgracia: por desgracia, unfortunately
desintegrar, to disintegrate
desocupado, -a, unoccupied, vacant
despacio, slowly
despedirse (i) (de), to say goodbye (to), to take leave (of)
despertarse (ie), to wake up
después, afterward; **después de,** after
destino, destination; fate
destornillador, screwdriver
detener(se), to stop
detrás (de), behind, in back (of)
desván, *m.,* garret, attic
diario, -a, daily
dibujar, to draw
diciembre, December
dichoso, -a, happy; lucky
diferente, different
dificultad, difficulty
digerir (ie, i), to digest
dinero, money
dirección, address; direction
dirigirse (a), to go (toward), to direct oneself (to)
discutir, to discuss
disgustar, to displease
disgusto, displeasure, annoyance
dolor, *m.,* pain, ache; **dolor de cabeza,** headache
domingo, Sunday

donde, where, in which; **¿dónde?** where?
dormir (ue, u), to sleep; **dormirse,** to fall asleep
dormitorio, bedroom
duda: sin duda, undoubtedly
dueño, -a, owner, proprietor, landlord
durante, during
durar, to last
durazno, peach
duro, -a, hard

echar, to throw (out); **echarse a,** to begin to
edad, age
edificio, building, edifice
eléctrico, -a, electric, electrical
ellos, -as, they; them
embargo: sin embargo, however, nevertheless
embarrar, to smear
emparedado, sandwich
empezar (ie), to begin
empleo, job
empujar, to push
en, in, on
enamorarse (de), to fall in love (with)
encantador, -ra, charming
encantar, to charm
encontrar (ue), to meet; to find; **encontrarse,** to find oneself, to be; **encontrarse con,** to come upon, to meet accidentally
enero, January
enfermedad, sickness, illness
enfermera, nurse
enfermo, -a, ill, sick
enorme, enormous
ensalada, salad; **ensalada de frutas,** fruit salad
enseñar, to teach; to show
entender (ie), to understand
entero, -a, entire
enterrar (ie), to bury
entonces, then; at that time
entrar (en), to enter, to come in(to)
entre, between, among
entregar, to deliver, to hand (over)
equipo, team

equitación, horseback riding
equivocarse, to be mistaken
escalera, stairs, staircase
escaparate, *m.,* store window, display window
escena, scene
escoba, broom
escribir, to write
escritor, -ra, writer
escritorio, desk
escuchar, to listen (to)
escuela, school; **escuela secundaria,** high shool
ese, -a, that; **esos, -as,** those
esfuerzo, effort
esgrima, fencing
esmeralda, emerald
espada, sword
espantoso, -a, frightening, frightful
español, -la, Spaniard; Spanish; **el español,** Spanish (language)
espejo, mirror; **espejo de retrovisión,** rear-view mirror
esperar, to wait (for); to hope
espinacas, *f. pl.,* spinach
esposa, wife; **esposo,** husband
esquiar, to ski
esquina, (street) corner
estación, station; season
estacionamiento, parking; parking lot
estacionar(se), to park
estado, state
estante, *m.,* bookshelf, bookcase
estar, to be
este, *m.,* east
este, -a, this; **estos, -as,** these
estirar, to stretch
estómago, stomach
estudiante, *m. & f.,* student
estudiar, to study
estufa, stove
estupor, *m.,* stupor, amazement
examen, *m.,* examination, test
excelente, excellent
explicar, to explain
exponer, to expose
extensión de agua, body of water
extranjero, -a, foreign; foreigner
extraño, -a, strange

fábrica, factory
fabricar, to manufacture
fácilmente, easily
falda, skirt
faltar, to lack, to be missing
familia, family
famoso, -a, famous
fantástico, -a, fantastic
faro, headlight; **faro trasero,** tail light
favor, *m.*, favor; **favor de** + *inf.*, please + *verb*
favorito, -a, favorite
fecha, date
feliz (*pl.* **felices**), happy
feo, -a, ugly
fiebre, *f.*, fever
fiel, faithful
fiesta, holiday; party; festivity
figura, figure, shape
fin, *m.*, end; **por fin,** finally
fino, -a, delicate, fine
flor, *f.*, flower
fogón, cooking stove
formar, to form
foto, *f.*, photo
francés, *m.*, French (language)
Francia, France
febrero, February
frecuencia, frequency; **con frecuencia,** frequently
freno, brake
frente a, before, in front of
fresa, strawberry
fresco, -a, cool
frío, -a, cold
frotar, to rub
fruta, fruit
fuego, fire
fuera de, outside of
fuerte, strong
fundar, to found
fútbol, *m.*, soccer

gafas, *f. pl.*, eyeglasses
gallina, hen
gallo, rooster
ganado, cattle
ganar, to win; to earn
garage or garaje, *m.*, garage
gato, cat
generación, generation
generador, *m.*, generator
gente, *f.*, people

gerente, *m.*, manager
gesto, look, gesture
gimnasio, gymnasium
glóbulo, globule, corpuscle
gobierno, government
golpe, *m.*, blow
gozar de, to enjoy (= *to derive pleasure from*): **gocé de la vida de familia (del buen tiempo),** I enjoyed family life (the pleasant weather)
gracias, thanks
gracioso, -a, graceful; gracious; funny, witty
gran (*before masc. sing. noun*), great
grande, big, large, great
granito, granite
grasa, fat
gris, gray
gritar, to shout
grito, cry, shout
gruñir, to grunt
grupo, group
guante, *m.*, glove
guardabarros, *m. sing.*, fender
guardar, to keep
guerra, war
guerrero, -a, warlike
guisante, *m.*, pea
gustar, to be pleasing to, to like, to enjoy: **me gusta(n),** I like it (them); **nos gusta cantar,** we like to sing, we enjoy singing; **¿te gustó la película?** did you enjoy the movie?

haber, to have (*aux. verb*)
había, there was, there were
habichuela, kidney bean, string bean
hábito, habit
habla, speech; **de habla española,** Spanish-speaking
hablador, -ra, talkative
hablar, to speak, to talk
habrá, there will be; **habría,** there would be
hacer, to do, to make; (*weather*) **hace frío (calor),** it is cold (warm); **hace viento,** it's windy; **hacer un viaje,** to take a trip; **le vi hace un**

mes, I saw him a month ago; **hace dos semanas que no la hemos visto,** we haven't seen her for two weeks; **hacerse,** to become: **se hizo médico,** he became a doctor; **se hace tarde,** it's getting late
hacia, towards
hambre, *f.*, hunger; **tener hambre,** to be hungry
hasta, till, until, to
hay, there is, there are; **hay sol,** it's sunny; **hay viento,** it's windy; **¿Qué hay de nuevo?** What's new?
helado, ice cream
hélice, *f.*, propeller; **avión de hélices,** "prop" plane
herida, wound, injury
hermana, sister; **hermano,** brother
hermoso, -a, beautiful, handsome
hermosura, beauty
héroe, hero; **heroína,** heroine
hielo, ice
hija, daughter; **hijo,** son; **hijos,** children (= *sons and daughters*)
hispano, -a, Hispanic, Spanish-speaking
historia, history; story
hogar, *m.*, home; hearth; family life
hombre, man
hora, hour, time; **¿a qué hora?** at what time?
hoy, today; **hoy día,** nowadays
huelga, strike; **ir a la huelga,** to go on strike
huerta, vegetable garden
hueso, bone
huevo, egg
huir, to flee, to run away
humanidad, humanity
humano, -a, human

idioma, *m.*, language
iglesia, church
igual, equal, the same; **al igual que,** like, as well as; **sigue igual,** it stays the same
imaginario, -a, imaginary
imitar, to imitate

impedir (i), to prevent, to hinder

impermeable, *m*., raincoat

importar, to be important, to matter; no importa, never mind, it doesn't matter; no me importa, I don't care, it doesn't matter to me

increíble, unbelievable, incredible

influir en, to influence

informar, to inform

ingeniero, engineer

inglés, *m*., English (language)

iniciar, to begin, to initiate

inmediato: de inmediato, immediately

inteligente, intelligent

intercambio, exchange

interponer, interpose

íntimo, -a, intimate

intruso, intruder

invertido, -a, inverted, spelled backwards

invierno, winter

invitado, -a, guest

ir, to go; irse, to go away, to leave; ir de compras, to go shopping; ir de paseo, to go for a walk (stroll)

isla, island

izquierdo, -a, left; a la izquierda, to (at) the left

jamón, ham

jardín, *m*., garden

jardinero, -a, gardener

jaula, cage

jefe, *m*., chief, boss

jipijapa: sombrero de jipijapa, Panama hat

joven (*pl*. jóvenes), *m*. & *f*., young, young person

joyería, jewelry

juego, game

jueves, *m*., Thursday

jugador, -ra, player

jugar (ue), to play; jugar a los naipes (al béisbol), to play cards (baseball)

jugo, juice; jugo de naranja, orange juice

juicio, trial, judgment

julio, July

junio, June

junto a, next to, beside

juntos, -as, together

la, the, her, it, you (*f*)

labio, lip

lado, side

ladrar, to bark

lago, lake

lágrima, tear

lámpara, lamp

largo, -a, long

lástima, pity

lata, can

latón para basura, garbage pail

lavar, to wash

lección, lesson

leche, *f*., milk

lechero, milkman

lechuga, lettuce

leer, to read

legumbre, *f*., vegetable

lejos (de), far (from); a lo lejos, in the distance

lengua, language; tongue

lento, -a, slow

leña, firewood

león, lion

levantarse, to rise, to get up

libertad, freedom

libre, free

librería, bookstore

libro, book

líder, *m*., leader

limonada, lemonade

limpiador, *m*., windshield wiper

limpiar, to clean

limpio, -a, clean

línea, line

líquido, liquid

listo, -a: estar listo, -a, to be ready; ser listo, -a, to be clever

lo, the, him, it, you (*m*)

lobo, wolf

lograr, to succeed in

loma, low hill

loro, parrot

lucha, fight, struggle

luchar, to fight, to struggle

luego, then, later

lugar, *m*., place; tener lugar, to take place

lunes, *m*., Monday

luz, *f*. (*pl*. luces), light

llama, flame; llama (*animal of the Andes*)

llamar, to call; llamarse, to be called (named)

llanta, tire

llanura, plain

llave, *f*., key

llegada, arrival

llegar, to arrive

llenar, to fill

lleno, -a, full

llevar, to carry, to take; to wear; llevarse, to take away, to carry off

llorar, to weep, to cry

lluvia, rain

macho, male

madera, wood

maduro, -a, ripe, mature

maestro, -a, teacher

maíz, *m*., corn

maleta, valise, suitcase; hacer la maleta, to pack one's suitcase

mandar, to order; to send

mando, command

manejar, to drive

manera, manner, way

mano, *f*., hand

mantequilla, butter

manzana, apple; city block

mañana, tomorrow

máquina, machine

maquinaria, machinery

mar, *m*. & *f*., sea

marido, husband

marina, shore, seaside; navy, fleet

marrón, *m*. & *f*., maroon, dark red

martes, *m*., Tuesday

marzo, March

más, more

masticar, to chew

matador, *m*., bullfighter

maullar, to meow

mayo, May

mayoría, majority

mecánico, mechanic

media, stocking

médico, -a, doctor, physician

medio, -a, half

mediodía, *m.*, noon; **a medio-día**, at noon

mejor, better, best

mejorar, to improve

melocotón, peach

melodía, melody

mencionar, to mention

menor, younger, youngest

mensaje, *m.*, message

mensajero, -a, messenger

mente, *f.*, mind

mercado, market

merienda, snack

mes, *m.*, month

mesa, table

mesero, -a, (*m*) waiter, (*f*) waitress

meseta, plateau, tableland

meter, to put (into)

mi, my; **mí**, me

miedo, fear; **tener miedo**, to be afraid

miembro, member

mientras, while; whereas

miércoles, *m.*, Wednesday

mil, thousand

mirar, to look at, to watch

misa, Mass (*church service*)

misionero, missionary

mismo, -a, same

misterioso, -a, mysterious

mitad, half

molino de viento, windmill

moneda, money, currency

montaña, mountain

monumento, monument, memorial

morado, -a, purple

moreno, -a, brunette

morir (ue, u), to die

moro, -a, Moor; Moorish

mostrar (ue), to show

motocicleta, motorcycle

motor, *m.*, engine

mover (ue), to move

mucho, -a, much; **muchos, -as**, many

muebles, *m. pl.*, furniture

muela, tooth

muerte, *f.*, death

mugir, to moo

mujer, woman; wife

multa, fine

muralla, (outside) wall

murmurar, to mutter, to murmur

museo, museum

muy, very; too (much): **es muy tarde para ir allá**, it's too late to go there

nacer, to be born

nada, nothing

nadar, to swim

nadie, no one, nobody

naipe, *m.*, playing card; **jugar a los naipes**, to play cards

naranja, orange

naranjada, orangeade, orange drink

naranjo, orange tree

nariz, *f.*, nose

natación, swimming

naturaleza, nature

navidad, Christmas

necesitar, to need

negar (ie), to deny; **negarse (a)**, to refuse (to)

negocio, business

negro, -a, black

neumático, tire

nido, nest

nieto, -a, grandchild

nieve, *f.*, snow

ningún, ninguno, -a, no, none

niñez, *f.*, childhood

niño, -a, child

nitrato, nitrate

noche, *f.*, night; **por la noche**, at night

nombre, *m.*, name

norte, *m.*, north

nosotros, -as, we; us

notar, to notice

noticia, news item; **noticias**, news

novela, novel

novia, fiancée, bride; **novio**, fiancé, bridegroom; **novios**, engaged couple

noviembre, November

nuestro, -a, our, ours

nuevo, -a, new: ¿**Qué hay de nuevo?** What's new?

nunca, never

obedecer, to obey

obligar, to oblige, to compel

obra, work (*of art*, *etc.*)

obrero, -a, worker

observar, to observe

obstáculo, obstacle

obtener, to obtain

océano, ocean

octubre, October

ocupado, -a, busy

ocurrir, to occur, to happen

oeste, *m.*, west

ofender, to offend

oficinista, *m. & f.*, clerk, office worker

ofrecer, to offer

oído, hearing

oír, to hear

ojear, to eye, to glance at

ojo, eye

¡olé! bravo!

oler (hue), to smell

olfato, sense of smell

opuesto, -a, opposite, contrary

ordenar, to order

oreja, ear

orilla, border, edge; bank, shore

otoño, autumn

otro, -a, other, another

oveja, sheep

padre, father; *pl.* parents

pagar, to pay

país, *m.*, country

pájaro, bird

palabra, word

palma, palm (*of the hand*); palm tree

palmar, *m.*, palm grove

palmípeda, web-footed

pan, *m.*, bread

panadero, -a, baker

pantalón, pants, trousers

panteón, burial place for illustrious persons

pañuelo, handkerchief

papa, potato

papel, *m.*, paper; **hacer el papel de**, to play the role of

paquete, *m.*, package

para, for, in order to

parabrisas, *m. sing.*, windshield

parachoques, *m. sing.*, bumper

parada, (bus) stop

paraguas, *m. sing.*, umbrella

paraíso, paradise
parar(se), to stop
pardo, -a, brown (*eyes*); dark
parecer, to seem, to appear
parecido: bien parecido, -a, good-looking
pared, *f.*, (indoor) wall
parpar, to quack
parque, *m.*, park
parte, *f.*, part
partícula, particle
partido, game (= *match*): miramos 3 partidos de tenis, we watched 3 games of tennis
pasado, -a, last (*week, month, year, etc.*): la semana pasada, last week; el lunes pasado, last Monday
pasajero, -a, passenger
pasar, to pass; to spend (*time*); to happen
pasearse, to walk, to stroll, to take a walk (stroll); to go for a ride
paseo, walk, stroll, drive; dar un paseo, to take a walk (ride); ir de paseo, to go for a stroll (drive)
pastar, to graze
pata, paw, foot, leg (*of an animal*)
patata, potato
pato, duck
patria, native country, fatherland
patrón: santo patrón (santa patrona), patron saint
pedir (i), to ask for, to request; to order (*in a restaurant*)
peinarse, to comb one's hair
peine, *m.*, comb
película, film, movie
peligro, danger
peligroso, -a, dangerous
pelo, hair
peluquero, -a, hairdresser, barber
pena, punishment, penalty; pain, hardship; effort, trouble; valer la pena, to be worthwhile
pensar (ie), to think; to intend to; pensar en, to think about (of)

pequeño, -a, small
pera, pear
perder (ie), to lose
perezoso, -a, lazy
periódico, newspaper
pero, but
perro, dog
persona, person
peruano, -a, Peruvian
pesado, -a, heavy
pesca, fishing; ir de pesca, to go fishing
pescado, fish (*ready to be cooked & eaten; a live fish in its natural habitat is called un pez [pl. peces]*)
pescar, to fish
piar, to chirp
pico, peak, summit
pie, *m.*, foot; ir (andar) a pie, to walk (= to go on foot)
pierna, leg
píldora, pill
pino, pine tree
pintar, to paint
pintor, -ra, painter
pintoresco, -a, picturesque
pintura, painting
piña, pineapple
piropo, flattery, flirtatious remark; echar piropos, to make flattering or flirtatious remarks to women as they pass by
piscina, swimming pool
pizarra, blackboard, chalkboard
placa, (license) plate
planear, to plan
plantar, to plant
plátano, banana
platito, saucer
plato, plate, dish
playa, beach
plaza, city square
plomero, plumber
pobre, poor
pobreza, poverty
poco, -a, little (*in quantity*); pocos, -as, few
poder (ue, u), to be able, can
podrido, -a, spoiled
policía, police; *m.* policeman
pollito, chick

pollo, chicken
poner, to put, to place; to turn on (*the radio, TV, etc.*); poner la mesa, to set the table; ponerse, to become (*involuntarily*): se puso pálido (triste), he became pale (sad); to put on (*a garment*): me pongo el abrigo, I'm putting on my coat; ponerse a, to begin to
por, for, by, through; por eso, therefore, for that reason; ¿por qué? why?
porque, because
postre, *m.*, dessert; de postre, for dessert
potable, drinkable
potente, potent, powerful
pozo, well, pit
practicar, to practice
precio, price
preferir (ie, i), to prefer
pregunta, question; hacer una pregunta, to ask a question
preguntar, to ask (*a question*)
prensa, press
preocupado, -a, worried
preocuparse, to worry, to become worried
presente, *m.*, present
preso, prisoner
prestar, to lend; prestar atención, to pay attention
pretendiente, *m.*, suitor
primavera, spring(time)
primer, primero, -a, first; a primera vista, at first sight
principio, beginning; al principio, at the beginning, at first
prisa, hurry; darse prisa, to hurry up; tener prisa, to be in a hurry
prisión, *m.*, prison
prisionero, -ra, prisoner
probar (ue), to prove; to taste; probarse, to try on (*a garment*)
problema, *m.*, problem
prometer, to promise
pronombre, *m.*, pronoun
pronto, soon; de pronto, suddenly

propietario, -a, proprietor
propina, tip, gratuity
proponer, to propose
propósito, purpose
proteger, to protect
pueblo, town
puente, *m.*, bridge
puerco, pig
puerta, door
puertorriqueño, -a, Puerto Rican
puesto, stand
purificar, to purify
puro, -a, pure

que, who, whom, which, that; ¿qué? what?
quebrada, brook; ravine
quebrar, to break
quedar(se), to stay, to remain
quejarse, to complain
quemadura, burn
querer (ie), to want, to wish; to love
queso, cheese
¿quién? who? ¿a quién? whom?
quitar, to take away, to remove; quitarse, to take off (*a garment*): se quitó el abrigo, he took off his coat

rama, branch
rápido, -a, rapid, fast
rato, (a) while; pasar un buen rato, to have a good time; había malos ratos, there were some bad moments
ratón, mouse
raza, race (*of people*)
razón, *f.*, reason; tener razón, to be right
realidad, reality; en realidad, actually
realizar, to carry out, to fulfill
rebaño, flock, herd
rebuznar, to bray
recámara, bedroom
recibir, to receive
reconocer, to recognize
recordar (ue), to remember
recuerdo, remembrance, souvenir

rechazar, to reject, to rebuff
refresco, refreshment
refresquería, refreshment stand
refrigerador, *m.*, refrigerator
regalo, present, gift
regar (ie), to water, to sprinkle
región, region
regresar, to return, to go back
reina, queen
reír(se), to laugh
reja, grating, grill
relatar, to tell, to narrate
relinchar, to neigh
reloj, *m.*, watch, clock
repente: de repente, suddenly
representación, performance
resolver (ue), to resolve, to solve
respecto: al respecto, in that regard, concerning that subject
respetar, to respect
respirar, to breathe
responder, to reply, to answer
respuesta, answer, reply
restaurante, *m.*, restaurant
retrovisión: espejo de retrovisión, rear-view mirror
reunión, meeting
revés, reverse
revista, magazine
rey, king
rico, -a, rich, wealthy
rincón, corner
riñón, kidney
río, river
robar, to steal, to rob
roca, rock, stone
rodar (ue), to roll; to roam, to wander
rodilla, knee
rojo, -a, red; rojo morado, purple
rollo, roll
romper, to break
ropa, clothing, clothes; ropa interior, underwear
roto, *past participle of* romper, *to break*
rueda, wheel
rugir, to roar
ruido, noise
rutina, routine

sábado, Saturday

saber, to know
sabor, *m.*, flavor
sabroso, -a, tasty, delicious
sacar, to take out, to draw *or* pull out; sacar fotos, to take pictures
sagrado, -a, sacred, holy
sal, *f.*, salt
sala, living room; hall; sala de clase, classroom
salero, saltshaker
salida, exit
salir (de), to leave, to go out
saltar, to jump
salud, *f.*, health
saludar, to greet
saludos, greetings
salvar, to save (= *to rescue*)
sandía, watermelon
sangre, *f.*, blood
sano, -a, healthy; safe
santo patrón, santa patrona, patron saint
satisfacción, satisfaction
secar, to dry
sed, *f.*, thirst; tener sed, to be thirsty
seguir (i), to follow; to continue: siga leyendo, continue reading; sigue igual, it stays the same
según, according to
semana, week
sembrar, to sow
sentarse (ie), to sit down
sentir (ie, i), to regret, to be sorry: lo siento, I'm sorry; sentirse, to feel
septiembre, September
ser, to be; *m.* being: un ser humano, a human being
serio, -a, serious
servicio, service
servilleta, napkin
servir (i), to serve
siempre, always
sierra, mountain range
siete, seven
siguiente, following; al día siguiente, on the following day
sílaba, syllable
silbar, to whistle
simpático, -a, nice, likable

sin, without; sin embargo, however, nevertheless

sinvergüenza, *m. & f.*, brazen, shameless person; rascal, scoundrel

sitio, place, spot, location

sobre, on, upon; about, concerning

sobrevivir, to survive

sociedad, society; sociedad anónima, corporation (S.A. = Inc.)

sol, *m.*, sun; hay sol, it is sunny; tomar el sol, to sun oneself, to "get some sun"

sombra, shade

sombrero, hat

sonrisa, smile

soñar (con), to dream (of, about)

sopa, soup

sorprender, to surprise; sorprenderse, to be surprised

sorpresa, surprise

sostener, to sustain, to support

sótano, basement

subir (a), to go up, to climb; to get into (*a vehicle*); subir a bordo, to climb aboard

subterráneo, subway

suceder, to happen, to occur

sucio, -a, dirty

suculento, -a, juicy

Sudamérica, South America

sudar, to sweat, to perspire

sudor, *m.*, sweat, perspiration

suelo, floor, ground; soil

sueño, dream; sleep; tener sueño, to be sleepy

suerte, *f.*, luck

sufrir, to suffer

sur, *m.*, south

suyo, -a, yours, his, hers, theirs (*agrees in number & gender with the thing possessed*): mis libros y los suyos, my books and hers (his, yours, etc.)

tal: ¿qué tal? how've you been?

talla, dress size

tamaño, size

también, also

tampoco, neither, not . . . either

tan, so

tanto, -a, so much; tantos, -as, so many; por lo tanto, for that reason

tapacubo, hubcap

tarde, late; *f.* afternoon, early evening

tarea, task, chore, homework

taza, cup

té, *m.*, tea

techo, roof; ceiling

temor, *m.*, fear

tempestad, tempest, storm

temprano, early

tenedor, *m.*, fork

tener (ie), to have; tengo frío (calor), I'm cold (warm); tener hambre, to be hungry; tener miedo, to be afraid; tener sed, to be thirsty; tener 16 años, to be 16 years old; tener que + *inf.*, to have to, must

terminar, to end, to finish

ternera, calf; veal

tertulia, social gathering

tía, aunt

tiempo, time; weather; en aquellos tiempos, in those days

tienda, store

tierra, land

timbre, *m.*, bell

tímido, -a, timid, bashful

tío, uncle

tipo, type

tirador, *m.*, doorknob, (*car*) door handle

tirar, to pull; to throw

tirón, pull

toalla, towel

tocadiscos, *m. sing.*, record player, phonograph

tocar, to touch; to play (*a musical instrument*)

todavía, still, yet

todo, -a, all; todo el día, the whole day; todas las tardes, every afternoon

tomar, to take; to have (*something to eat or drink*)

tomate, *m.*, tomato

tornillo, screw

toro, bull

torre, *f.*, tower

tostarse (ue), to get suntanned

trabajador, -ra, worker

trabajar, to work

trabajo, work, job

traer, to bring

tragar, to swallow

traje, *m.*, suit; clothes; traje de baño, swimsuit

trampa, trap

tranquilo, -a, calm

transporte, *m.*, transportation

tratar, to treat; tratar de, to try to; to deal with

trato, treatment

través: a través de, across, through

tres, three

tribunal, *m.*, court

triste, sad

tú, you; tu, your

último, -a, last

un, una, a, an, one; uno, (number) one

uniforme, *m.*, uniform

usado, -a, used

usar, to use

usted (*pl.* ustedes), you

útil, useful

uva, grape

vaca, cow

vacaciones, *f. pl.*, vacation; vacaciones de verano, summer vacation

valer, to be worth; valer la pena, to be worthwhile

valiente, brave

valle, *m.*, valley

vaquero, cowboy

varios, -as, several; various

vaso, glass

vecino, -a, neighbor

vegetal, *m.*, vegetable

vehículo, vehicle

velocidad, speed

vencer, to defeat

vendedor, -ra, seller, vendor

vender, to sell

venir (ie), to come

ventana, window

ventanilla, car or train window

ver, to see; **verse bien**, to look good

verano, summer(time)

veras: ¿**de veras**? really?

verde, green

vestido, dress

vestirse (i), to get dressed

vez, *f.*, time; **otra vez**, again; **una vez**, once; **dos veces**, twice

viajar, to travel

viaje, *m.*, trip, journey; **hacer un viaje**, to take a trip; **¡buen viaje!** have a nice trip!

viajero, -a, traveler

vida, life

vidrio, (piece of) glass; windowpane

viejo, -a, old

viento, wind; **hay (hace) viento**, it's windy

viernes, *m.*, Friday

vigoroso, -a, vigorous

vino, wine

visita, visit

visitar, to visit

vista, sight, view; **a primera vista**, at first sight

vivir, to live

vivo, -a, lively

vocal, *f.*, vowel

volante, *m.*, steering wheel

volar (ue), to fly

volver (ue), to return, to go back; **volver a**, again: **vuelven a jugar**, they're playing again; **volverse**, to turn (around)

vosotros, -as, you (*fam. pl.*)

voz, *f.*, voice; **en voz alta**, aloud

vuelo, flight

vuestro, -a, your (*fam. pl.*)

ya, already; **ya no**, no longer, not . . . anymore; **ya que**, since (= *because*)

yo, I

zapatero, shoemaker

zapato, shoe